파베세의 마지막 여름

HOTEL ROMA
by Pierre Adrian

Copyright ⓒ Éditions Gallimard, Paris, 2024
Korean Translation Copyright ⓒ Mujintree, 2025
All rights reserved.

This Korean edition was published by arrangement with Éditions Gallimard
(Paris) through Bestun Korea Agency Co., Seoul.

이 책의 한국어판 저작권은 베스툰 코리아 에이전시를 통해 저작권자와 독점 계약한
(주)뮤진트리에 있습니다. 저작권법에 의해 한국 내에서 보호 받는 저작물이므로
무단전재와 무단복제를 금합니다.

Hotel Roma
Cesare Pavese

파베세의 마지막 여름

피에르 아드리앙 지음 | **최정수** 옮김

mujintree
뮤진트리

▪ 일러두기

- 이 책은 Pierre Adrian의 《Hotel Roma》(Gallimard, 2024)를 우리말로 옮긴 것이다.
- 본문에 나오는 도서·영화의 제목은 원 제목을 번역 표기하는 것을 원칙으로 하되, 국내에 번역 출간 및 소개된 작품은 그 제목을 따랐다.
- 본문 하단의 주석은 모두 옮긴이의 것이다.

마틸드에게

1950년 8월 27일, 토리노

지배인이 문을 조금 열자 고양이 한 마리가 방 안으로 슬그머니 들어왔다. 고양이는 보통 이 층 저 층을 돌아다니며 객실 청소부들의 기분을 좋게 하고 거친 손님들을 물리쳤다. 검은 고양이는 머뭇거리는 직원보다 앞서 다가가 동그란 눈으로 방 안을 살펴보았고, 꼬리를 치켜든 채 벽에 몸을 비볐다. 자기가 새로 획득한 영역에 위험이 없음을 알아차린 뒤 평화로운 확신을 느끼면서 말이다. 탐험이 완료된 이 새로운 정복지에서, 고양이는 곧 제자리를 차지하고 몸단장을 시작할 것이다.

여러 번 문을 두드렸지만 대답이 없었다. 지배인은 어떤 움직임이 없는지, 그러니까 침대 시트 부스럭거리는 소리나 물건 떨어지는 소리, 기침 소리 또는 불규칙한 호흡 소리가 나지 않는지 귀 기울여보았다. 하지만 도시의 희미한 소음 외에는 아무 소리도 들리지 않았다. 49호실의 손님은 토요일이었던 전날 이후로 모습을 드러내지 않았다. 그는 1박 1식의 조건으로 투숙 중이었다. 그들은 걱정이 되었다.

49호실은 4층의 긴 복도 끝에 있는 마지막 방으로 싱글룸이었다. 왼쪽에 문이 있었다. 그들은 일단 방으로 들어갔다. 출입문 옆에 바로 욕실이 보였다. 길쭉한 방에는 마호가니 책상과 옷장이 갖춰져 있고, 침대 위쪽에 베이클라이트 소재의 전화기가 붙어 있었으며, 옷걸이가 있었다. 하나뿐인 창문에서는 팔레오카파 광장의 아케이드가 내다보였다. 그곳은 역 광장과 대로의 번잡함에서 떨어져 있고, 맞은편에는 페이스트리 가게가 있었다. 49호실은 작은 공간이었다. 평온함도 조금이었다.

방 안에 들어서자마자 지배인은 사태가 범상치 않음을 알아차렸다. 남자는 옷을 입은 채 머리를 베개에 얹고 침대에 뻣뻣하게 누워 있었다. 몸 옆에 길게 놓인 팔은 얌전하고 움직임이 없었으며 별다른 문제도 없었다. 고양이가 벌써 다가와 남자의 신발 냄새를 맡고 있었다. 남자는 사망한 상태였다. 의사가 아니어도 그 남자가 사망했다는 걸 알 수 있었다. 한 번 보는 것만으로 충분히. 지배인은 책상 위에서 열린 수면제 봉지와 물잔을 발견했다. 침대맡 탁자에는 빈 담뱃갑 일곱 개가 놓여 있었다. 책도 한 권 있었는데, 거기에 투숙객의 이름이 적혀 있었다. 체사레 파베세. 파베세는 자신이 가장 높이 평가하는 책인 《레우코와의 대화Dialogues avec Leucò》의 첫 페이지에 검은 펜을 사용해 비스듬한 필체로 몇 마디를 적어놓았다. 글씨는 또렷하게 읽혔다. "모두를 용서하고, 모두에게 용서를 구합니다. 됐나요? 너무 많은 험담은 하지 마세요"라고 적혀 있었다.

그렇다면 더이상 의심의 여지가 없었다. 이 작가는 몇 시간 전 치사량의 약을 삼켜 자살했고, 아무도 그 사실을 알아차리지 못한 사이에 일요일 하루가 훌쩍 지나가버린 것이다. 8월의 어느 일요일이었다. 휴가를 보내고 있는 지인들에게 그들의 친구이고 형제인 체사레 파베세가 토리노의 로마 호텔 49호실에서 생명이 떠나간 채로 발견되었다는 사실을 알려야 했다.

지배인은 즉시 호텔 경영진에게 알리기 위해 몸을 돌렸다. 방을 나가려던 그는 다시 돌아서서 몸을 숙여 바닥에서 몸단장을 하고 있는 작고 검은 짐승을 낚아챘다. 고양이는 그 행동이 못마땅해서 귀를 접고 쉰 목소리로 야옹거렸다. 이윽고 복도로 내던져진 고양이는 어리둥절해서 주저하다가 달아났다.

차례

1부

남쪽 바다 _ 15

중앙역 _ 31

마지막 해변 _ 43

오후 4시 비행기들 _ 61

어울리지 않는 아름다운 커플 _ 75

바닷길 _ 91

언덕 위의 집 _ 107

오늘은, 아무것도 없다 _ 121

안토니오니의 영화처럼 _ 143

멀리 있는 사람들이 돌아오기를 _ 165

2부

그냥 연애였을 뿐_185

'파베세에게 아름다운 여름'_198

마지막 바다_209

8월의 토리노_220

상속인_235

야수_243

346호실_258

동료_263

에필로그_278

참고 문헌_283

인용된 책들_285

1부

Hotel Roma

남쪽 바다

2020년 봄, 디에프

그 시절 누가 나에게 어디에 가고 싶냐고 물었다면, 나는 토리노라고 대답했을 것이다. 모든 걸 버리고 떠나거나 사라지거나 다른 곳에서 삶을 새로 시작해보려는 것이 아니라, 그냥 기분전환을 좀 하고 다른 나라를 구경하고 싶은 마음에서였다. 어딘가 다른 곳이 필요했고, 그곳이 바로 토리노였다. 몇 주 전부터 우리는 담뱃진에 찌든 채 도시의 성벽 안에 갇혀 있었다. 새벽은 매번 일요일의 새벽 같았다. 우리는 다들 혼자였다.

그 음울했던 시절, 나는 이른 아침에 산책을 하곤 했다. 갈매기들의 비웃는 듯한 웃음소리 아래에서 성城의 그늘, 갈매기 똥으로 얼룩진 거리를 걸어 내려갔다. 갈매기들은 절뚝거리는 해적처럼 슬레이트 지붕을 짓밟고, 싸움판을 벌이고, 쓰레기통들을 털었다. 부리로 쪼아 비닐봉지를 벌리고, 찢고, 포장을 버리고, 음식물 쓰레기를 먹었다. 그들은 황폐한 풍경을 남겨두고, 귤껍질과 플라스틱을 남겨두고, 버려진 거리 한가운데에 쓰레기를 흩뿌린 뒤 투덜거리며 도망갔다. 갈매기들이 도시의 새로운 주인이 되었다. 그들은 우리가 남겨둔 생활 공간을 정복했다.

우리 집 아래층에서는 드문드문 손님 몇 명이 빵집에서 구입한 물건을 팔 밑에 끼고 나와, 서로 시선을 마주치지 않은 채 빵 냄새 속에서 벽에 바싹 붙어 지나갔다. 시고뉴 로路 끄트머리에서 멀리 보이는 바다가 위안이 되었다. 페리는 더이상 대륙을 떠나 영국으로 가지 않았다. 디에프 항구에 여행객을 내려놓지도 않았다. 바다에 더이상 배가 다니지 않았지만, 자갈 해변에서는 바다의 격동이 계속되었다. 바다는 풍화된 절벽들이 뱉어낸 구리색 가루를 쓸어 담았다. 나는 지난 만성절 이후로 감자튀김 가게들이 문을 닫은 산책로를 따라 걷고 있었다. 더이상 기름 냄새가 나지 않는 빈 포장재들이 폭풍우를 피하려는 듯 나무 벽에 파묻혀 있었다. 폭풍우는 우리의 머릿속에 있었다. 우리는 공동 소유의 요새 같은 아파트에서 보이지 않는 적을 기다렸다.

시간이 너무 일렀고 너무 외로웠지만, 경찰들이 나를 너그럽게 대하며 해안을 따라 산책하지 말라고 했다. 어느 날 갑자기 바다를 보러 가는 것이 금지되었다. 시고뉴 로는 더이상 무한을 향해 열리지 않고 금지된 장소로 이어졌다. 그래서 나는 다른 도시, 다른 장소의 가능성을 상상했다. 도피가 제한에 대한 치료약이 되었다. 심지어 바다, 그리고 멀리서 들려오는 그것의 웅성거림마저도 짜증스럽게 느껴졌다. 너무 가깝고, 너무 분명했으며, 매일 보이고 들렸다. 그래서 아침 산책을 할 때 바다에 등을 돌리게 되었다. 나는 해변을 떠나 선착장으로 향했다. 선착장에서는 부드러운 서풍이 배의 돛대를 흔들어 소리가 나게 했다. 아과도 호텔을 지나 경매장에 이르렀고, 생선 파는 상인들이 떠나버린 '방벽'에 다다랐다. 바로 그때, 백 걸음을 걸었을 때, 증권거래소 아케이드 아래 그늘진 곳에서 나는 디에프를 떠나 토리노에 들어섰다. 노란색 벽돌 주랑柱廊들이 토리노의 긴 거리를 연상시켰다. 여름이면 더위를 피하고, 일 년 내내 폭우를 피해 산들바람을 맞으며 지치지 않고 걸을 수 있는 곳이었다. 이른 아침 젊은 태양 빛을 받은 아케이드는 내가 은밀히 갈망하던 도시의 아케이드처럼 보였다. 기둥들의 그림자가 바닥에 드리워져 기이한 곡선들이 생겨났다. 그래서 나는 걸음을 늦추고 잠시 도망쳤다. 아무것도, 그 누구도 주랑 밑에 있는 나의 비참한 몽상을 망칠 수 없었다. 여행자들을 위한 카페의 주인인 중국인 부부는 테라스를 꾸며놓지 않았다. 카페 주인들은 더이상 밖으로 나오지 않았다. 그들은 커피 머신을 치우고, 아크릴 소재의 가림막 뒤에서 담배와 스크래치카드를 판매하고 있었다.

  이탈리아의 다른 도시인 로마, 나폴리, 베네치아를 꿈꿀 수도 있었을 그곳에서 나는 토리노를 상상했다. 혹은 다른 색조가 펼쳐지는 건물들이 없는, 먼 시골을 상상했다. 하지만 모든 날들이 비슷한 그 텅 빈 나날에, 죽음을 기다리고 사건을 기다리는 노인들의 일상과 비슷한 그 단조로움 속에서, 나는 파베세의 작품들을 '콰르토' 총서의 두꺼운 책으로 다시 읽었다. 그가 단편 소설가의 예술성을 발휘해 집필한 짧은 장편소설들과 일기, 시들을 말이다. 심지어 나는 《피곤한 노동》에 수록된 첫 번째 시 〈남쪽 바다〉를 배운 적이 있었다. 내가 학생 때 접하고 포기했던, 다시 말해 너무나 지루하게 느껴진 시였다. 하지만 어렸을 때는 고문처럼 느껴진 그것에서 새로운 의미를 발견했다. 읽기 학습. 그렇다, 나는 이성이 아니라 마음으로 배우고 있었다.[1] "토리노에 사는 그대…" 나는 세계를 여행한 후 마침내 언덕의 자기 집으로 돌아온, 〈남쪽 바다〉에 나오는 나와 비슷한 부류인 그 작가의 말을 끊임없이 되뇌었다. "토리노에 사는 그대… 그대가 옳다. 집에서 멀리 떠나 삶을 살아야 한다. 모든 것을 활용하고 즐겨야 한다. 그런 다음 나처럼 마흔 살이 되어 돌아오면, 전과 같은 것은 아무것도 없으리니." 코로나로 인한 그 이상했던 전쟁 동안, 가택 격리 생활 중에 나는 결국 토리노의 보행자를 내 것으로 만들었다. 과묵한 남자, 말수가 적은 작가, 그리고 이번에도 이탈리아인인 그 사람을. 마치 그 나라와 그 나라 사람들만이 사실상 유일하게 내 질문들에 답해줄 수 있는 존재인 것처럼 말이다.

피에르 파올로 파졸리니[2]는 나의 이십 대 시절의 작가였고 내 인생의 시인 중 한 사람으로 영원히 남을 것이다. 그 저주받은 사람은 박물관, 대학 건물의 벽, 그리고 신문 지면에서 기리는 아이콘이 되었다. 그는 나의 반항심, 세상에 대한 절박한 사랑, 불안, 다정함에

---

1) 프랑스어로 암기 학습은 'apprendre par coeur'인데, 이를 직역하면 '마음으로 배우다'이다.
2) Pier Paolo Pasolini(1922~1975), 이탈리아의 시인이자 소설가, 영화감독.

영감을 주었다. 파베세, 파베세라는 남자는 결코 나를 끌어당긴 적이 없다. 사람들은 그가 못생겼고, 무능하고, 콤플렉스가 있고, 여성혐오자였다고 말한다. 그가 남긴 것은 흑백 사진 몇 장뿐이다. 그 사진들은 길 잃은 듯한 눈빛으로 짙은 색 정장 주머니에 양손을 찔러넣고 있는 외로운 청년을 상상하게 한다. 파베세는 전쟁 후에 사망했지만, 그에 대한 기록은 전혀 없다. 그는 목소리가 없는 사람이다. 너무나 가까이 있으면서도 동시에 말이 없다. 거침없는 태도로 세상에 적극적으로 참여했던 파졸리니와 반대로, 파베세는 소극적인 태도로 물러나 있었다. 당시의 여러 친구들처럼 레지스탕스에 가담하지도 않았고, 1935년에는 부득이하게 파시스트 정권에 의해 감금당했다. 그의 일기에는 이렇게 적혀 있다. "너는 결코 투쟁하지 않았어, 기억하지. 앞으로도 너는 결코 투쟁하지 않을 거야." 파베세는 무관심한 사람이었다. 그는 세상의 하찮은 소음에 무관심으로 응답했다. 그의 일기에는 그때의 시대상이 배어나 있지 않다. 어느 날 나는 《삶의 기술》을 내 침대맡 책들 중 《협잡꾼의 글》³⁾ 옆에 나란히 놓았다. 사실 그 둘은 서로 반대되는 책이었다. 게다가 이 두 시인, 두 일 중독자를 비교할 이유는 전혀 없었다. 하지만 이 이야기에서 확실한 것이 하나 있다면, 파졸리니가 파베세를 높이 평가하지 않았다는 사실이다.

체사레 파베세는 내 삼십 대의 작가가 되었다. 아마도 내가 더이상 멘토를 찾지 않고 그저 나와 함께해줄 친구를 찾았기 때문일 것이다. 이제 나는 세상을 받아들였고, 세상을 변화시키기를 포기했다. 침울하고 냉정하며 말이 간결하고 거만한 피에몬테 사람 파베세는 신발 속의 조약돌 같은 사소한 고찰들을 넌지시 암시하는 소중한 친구였다. "그것이 내가 그 사람들과 함께 있는 걸 좋아하는 이유예요. 그들은 다른 사람들이 사는 대로 내버려 두거든요." 그는 《여자들끼리》에 이렇게 썼

---

3) 파졸리니가 1973년~1975년에 이탈리아 신문들에 칼럼으로 기고한 글들을 모은 책.

다. 3월 27일 자 일기에는 "나는 가구 모서리에 슬개골을 부딪친 사람처럼 하루를 보낸다. 하루 전체가 그런 참을 수 없는 순간과 비슷하다"라고 썼다. 그 외에도 고통스럽거나 즐거운 고찰이 수천 개나 있다. "그건 여자들이 복숭아를 먹었을 때를 생각하게 한다." 파베세는 상태가 전염될지 모르니 너무 자주 만나지 말아야 하는, 가차 없는 말들을 내뱉는 친구가 되었다. 마음속으로 존경하긴 하지만 그가 부르면 응답을 망설이게 되는 그런 사람 말이다. 내가 그를 알았더라면, 어느 날 토리노의 거리에서 그의 실루엣만 보고 길을 건너갔을 것이다. 그는 우리를 용감하게도, 비겁하게도, 아름답게도, 추하게도 만드는 친구이다. 결코 멘토는 아니고. 통찰력 있는 동료지만 언젠가 그에게 응답하지 않은 것에 대해 우리가 자책하게 될 사람이다. 이탈리아의 어느 문학평론가는 그의 문학이 마치 다른 사람들의 일기, 우리 모두의 일기 같았다고, 단지 그 자신만의 일기는 아니었다고 말했다. 어떤 작가들은 자신이 더이상 갖고 있지 않은 것을 우리에게 선사한다. 파베세는 나에게 무사태평함, 세상에 존재하는 기쁨, 동심, 믿음, 위로 등 모든 것을 주었고 모든 것을 남겼다. 어떤 면에서 그는 자신이 쓴 글의 내용에 더이상 부응하지 못했다. 《아름다운 여름》은 체사레 파베세보다 더 위대했다.

또한 파베세는 사람들이 꿈꾸는 이탈리아의 상징이 되었다. 그는 이탈리아를 떠난 적이 없고 피에몬테에서조차 멀리 떠나본 적이 없었다. 그는 언덕의 남자였는데, 우리의 기준으로 볼 때 땅도 아니고 하늘도 아닌 그 영토는 세상을 알기 위해 여행을 할 필요가 없는 곳이었다. 그는 미국에 관해 누구보다도 잘 이야기했다고 한다. 포크너, 스타인벡, 더스 패서스[4], 셔우드 앤더슨[5]…. 그는 에이나우디 출판사를 통해 미국 문학을 이탈리아에 소개했고, 이탈리아 사람들은 《모비 딕》의 권

---

[4] John Dos Passos(1896~1970), 미국의 소설가. 리얼리즘 소설로 인정받았으며 이후에는 이른바 '잃어버린 세대'의 대표 작가로 알려졌다.
[5] Sherwood Anderson(1876~1941), 미국의 소설가. 단편소설을 종래의 플롯 중심 방식에서 벗어나게 했고, 청교도적 금욕주의에 반대해 인간을 육체적인 면에서 바라보았다.

위 있는 번역본을 여전히 그에게 빚지고 있다. "키아마테미 이스마엘레…"[6] 나는 방코 델 무투오 소코르소[7]의 노래 〈모비 딕〉을 반복해서 들었다. 모든 것이, 심지어 프로그레시브 록 밴드의 고래에 관한 이 노래까지도 나를 파베세로 돌아가게 했다.

작살잡이 어부들이 죽음과 대면하며 리바이어던에 도전하는 동안, 파베세는 자살 생각에 사로잡혀 살았다. 결국 파베세의 친구들 중 일부는 그 끈질긴 생각, 그 "터무니없는 악덕"에 짜증이 나서 화를 내며 다음과 같이 말했다. "그가 자살 이야기를 그토록 자주 하니, 그럼 그렇게 하라고, 자살하라고 해요." 파베세는 정말로 해냈다. 그들은 자책했다. 예전에 그의 고등학교 친구 중 한 명이 나무 밑에서 권총으로 관자놀이를 쏘아 자살했을 때, 십 대였던 파베세는 친구의 행동에 감탄하고 매혹되었다. "너는 나에게 본보기를 보여주었고, 나를

---

6) '나를 이스마엘이라고 부르세요'라는 뜻의 이탈리아어.
7) 1969년에 결성된 이탈리아의 프로그레시브 록 밴드.

기다렸어." 사랑에 환멸을 느낀 후 그 행동을 따라하려고 시도할 때까지, 이 실패감은 반복주제처럼 그의 삶을 계속 따라다녔다. 그는 친구가 죽은 나무 밑으로 갔고, 자살에 실패했다. 하지만 나는 파베세에게서 두 건의 자살을 간파했다. 작가로서의 자살은 1950년 8월 18일에 일어났다. 그때 그는 《삶의 기술》의 마지막 문장을 썼다.

이 모든 것이 역겹다. 할 말이 없다. 그 행동을 해야 할 뿐. 나는 더이상 글을 쓰지 않을 것이다.

그는 이틀 전에 이 결론을 표명했다.

못 하나가 다른 못을 쫓아낸다. 하지만 못 네 개가 모이면 십자가가 된다. 나는 공적 역할을 완수했다. 내가 할 수 있는 일을 다 했다. 나는 일했고, 사람들에게 시를 주었고, 많은 사람의 고통을 함께 나누었다.

파베세는 자신의 문학을 세상에 주었다. 그것은 그의 나이 41세 때 끝났다. 그는 인생의 마지막 책을 마무리 중이었다. 작가로서의 자살은 한 남자로서의 자살보다 9일 먼저 일어났다. 수면제와 마지막 용서. 남긴 말은 많지 않았다….

디에프에 갇혀 있던 따분한 오후 동안 나는 생각에 잠겼다. 토리노의 여름, 혼자서 외롭게 보낸 그 9일 동안 그에게 무슨 일이 있었을까? 자신의 종말을 알고 있던 파베세는 카운트다운을 시작했다. 바닷가에서 며칠간 휴가를 보내며 친구들에게 작별 인사를 한 후, 누나와 함께 살던 가족의 집을 떠나 로마 호텔에 작은 여행 가방을 맡겼다. 토리노 중앙역에서 한 블록 떨어져 있고 라마르모라 가도의 집으로부터 15분 거리에 위치한 그 호텔에 자리를 잡았다. 나는 그의 마지막 만남들, 그가 마지막으로 한 산책들, 마지막 기쁨들, 후회들, 갑작스러운 감정의 폭발들을 상상해보았다. 그의 즐거움과 눈물들도. 그는 8월 18일부터 27일까지 인적 없는 도시에서 절망적인 아홉 번의 오후를 보냈다. 당시에는 사람들이 아직 바닷가에 있고, 자동차들이 다른 곳으로 도망치고, 아파트들이 텅 비고, 가스는 꺼지고, 셔터가 닫혀 있었다. 파베세는 토리노에 혼자 있었고, 작가이자 등장인물이 되었다. 안토니오니[8]가 이 인내심의 게임을 영화화할 수도 있었을 것이다. 파베세가 에이나우디 출판사에서 만나 알고 지냈던 나탈리아 긴츠부르그Natalia Ginzburg는 〈어느 친구의 초상〉에 다음과 같이 썼다.

> 그는 여름에 죽었다. 여름에 우리 도시에는 사람이 거의 없다. 도시가 광장처럼 휑하니 넓어 보이고, 맑고, 소리가 울려 퍼진다. (…) 우리 중 누구도 거기에 있지 않았다. 뜨거운 그 8월의 어느 날 그는 죽기로 결심했고, 역 근처의 호텔 방을 선택했다. 그는 자기가 속한

---

[8] Michelangelo Antonioni(1912~2007), 이탈리아의 영화감독. 이탈리아 영화의 신경향을 대표하고 1960년대에 세계 영화를 이끌었다. 〈정사〉〈밤〉〈태양은 외로워〉의 3부작을 연출했으며 세계 3대 영화제로 불리는 칸 영화제, 베니스 영화제, 베를린 영화제에서 모두 최고상을 수상했다.

도시에서 낯선 사람처럼 죽기를 원했다.

그녀는 이 짧고 감동적인 글에 그의 우울한 조심성, 충동, 그리고 청년 같은 방식을 그려냈다. 파베세는 소년에 머물러 있었다. 그는 결코 완전한 남자가 아니었다.

그는 1908년 9월 초, 긴 휴가 기간이자 첫 수확기에 산토 스테파노 벨보에서 태어났다. 그는 집에서 태어났고, 그곳 언덕 위에서 보낸 여름들에 대한 향수를 평생 간직했다. 그 집은 다른 사람에게 팔렸다. 사망하기 몇 달 전, 그는 귀향에 관한 소설 《달과 불》을 쓰기 위해 산토 스테파노에 돌아왔다. 그리고 생일을 며칠 앞둔 여름에 자살했다. 8월은 죽음과 가장 닮은 달이었다.

젊었을 때 나는 피에르 파올로 파졸리니의 발자취를 따라 프리울리에서 로마까지 거슬러올라가 보려고 했다. 그 시도가 성공했는지 실패했는지 지금은 말할 수 없다. 그때 이후 나의 야망은 작아졌다. 그리고 나는 체사레 파베세가 토리노에서 보낸 마지막 여름을 잘 재구성할 수 있을 것이다. 그의 비옷이 바스락거리던 소리와 주랑 아래 울려 퍼지던 그의 발소리에 귀 기울일 수 있을 것이다. 디에프의 텅 비고 빛나던 봄, 다른 바다를 마주한 아케이드 아래에서, 나는 세상은 열릴 때가 되면 어쨌든 열릴 거라고 확신했다. 나는 이탈리아로 갈 작정이었다. 나의 남쪽 바다는 지중해에 닿기 전 알프스산맥 발치에 있는, 언덕으로 둘러싸인 그 고요한 나라에서 멈출 터였다.

나는 토리노로 떠날 것이다.

중앙역

2021년 가을, 토리노

어느 날 저녁, 우리는 포 강에서 멀지 않은 마리아 테레사 광장 위의 언덕에서 와인을 마시고 있었다. 온화하고 갈색이 도는 가을, 생 마르탱의 여름[9]이었고, 토리노는 끊임없이 떨어지는 죽은 낙엽 같았다. 프랑스 사람들이 지나가는 것을 본 젊은 사장이 우리에게 왜 이 도시에 왔느냐고 물었다. 우리는 그에게 설명했다.

---

9) 가을에서 겨울로 넘어가기 전 날씨가 맑고 온화한 기간. 북반구의 경우 10월이나 11월 초에 해당한다. 미국과 캐나다 등 영어권에서는 인디언 서머라고 부른다.

이 여자는 파리에 살고, 나는 최근에 로마로 이사했다고. 우리는 기차를 타고 왔다고. 그가 우리의 말을 자르고 말했다.

"세상에나… 그러니까 당신들은 중간 지점인 토리노의 우리 가게에서 만난 겁니까? 정말 멋지네요…."

그의 놀란 미소와 솔직한 기쁨을 나는 평생 기억할 것 같다. 그는 토리노가 우리에게 어떤 의미인지 순식간에 이해했다. 우리가 아는 사람이 아무도 없는 도시, 모든 것을 다시 시작해야 하는 미지의 종착역. 우리 사랑의 휴식처.

처음 파리에서 만났을 때, 우리는 오후 내내 대화를 나누었다. 헤어지기 전, 나는 그녀에게 주려고 우리가 이야기한 책인 체사레 파베세의《달과 불》을 사러 갔다. 그녀가 그 책을 곧바로 읽을 줄은 몰랐다. 그녀도 내가 빔 벤더스와 안토니오니의 영화들을 모아서 그녀를 위해 부족한 부분을 채워줄 거라고는 상상도 못 했을 것이다. 갓 시작된 관계에서 특히 아름다운 점은 상대방의 허구를 이해함으로써 그 사람의 현실을 간파하려 하는 즉각적인 욕구다. 그래서 나는 그녀에게 내가 가장 아름답다고 생각한 파베세의 책, 표지가 흰색과 적갈색으로 된 《상상》을 주었다. 그녀가 대부분의 시간 동안 그 책을 자기 곁에 둘 거라는 사실을, 그리고 내가 토리노의 대로들을 성큼성큼 걸어다닐 거라는 사실을 당시에는 알지 못한 채. 그 도시는 우리 사랑의 작은 지리학이 될 터였다. 우리에게 토리노는 '상대방'을 의미한다. 더 나아가 상대방과의 약속을, 재회를 의미한다. 나의 탐구는 패배한 한 남자의 발자취를 따라가는 우울한 여정이었다. 그리고 그것은 검은 피부의 여자와 함께하는 빛나는 여정이 될 것이다.

*

우리가 탄 기차는 몇 분 간격으로 토리노 역에 도착했다. 그녀는 오전 7시도 안 된 시각에 파리에서 출발했고, 그 기차는 몽롱한 시골길을 전속력으로 내달리다가 알프스산맥을 건너기 위해 속도를 늦추었다. 세관은 모단으로 올라가 있었다. 가끔은 불운한 사람들이 그곳에서 하차하기도 했다. 흡연자들은 국경을 통과하기 전 마지막 담배를 피우려고 부랴부랴 플랫폼으로 뛰어내렸다. 이윽고 기차는 몸을 떨며 다시 출발해 고지대를 떠나 다시 평원으로 들어갔다. 북쪽 멀리에 그란 파라디소의 봉우리들이 보였다. 파리 발 기차는 점심시간이 되기 전에 토리노에 들어왔다. 먼저 기다린 사람은 그녀였다. 로마 발 기차는 파리 발 기차 바로 다음에 도착했다. 우리는 대합실에서 눈으로 서로를 찾았다. 그녀는 역의 벤치 위에 빨간 가방을 놓아두었다. 나는 그녀의 검은 얼굴, 사실상 무척 파리 사람다우며 우아하고 생생한 그녀의 실루엣을 알아보았다. 그녀에게는 내가 상상했던, 《여자들끼리》에 나오는 클레리아와 비슷한 면이 있었다. 거추장스러운 동반자를 대동하지 않고 혼자 걸어가도록 만들어진 것 같은 그 여자들. 첫 번째 재회는 수줍었다. 나는 불필요한 수다로 침묵을 채웠다. 우리가 함께 침묵하는 것을 더이상 두려워하지 않으려면 저녁이 되어야 할 터였다.

 우리는 대부분 기차역 옆 도시에서 태어나고, 모든 것이 바로 이곳, 기차역의 플랫폼에서, 집으로 돌아가거나 미지의 목적지를 향해 떠나는 익명의 존재들 사이에서 시작되었다. 기차역에서는 시간이 너무 많거나 부족하다. 쓸데없는 시간이 빠르게 이어진다. 둘은 녹초가 된다. 배 속이 비어 허기가 지면 우리는 길을 가다 처음으로 보인 카페에 들어가 계피만 뿌렸거나 잼 또는 피스타치오가 들어 있는 '간단한' 크루아상을 베어 물며 위로를 받았다. 나는 게처럼 집어 냅킨에 싸서 먹어야 하는 퍼석하고 이에 들러붙는 이탈리아 크루아상을 사랑하는 법을 배웠다. 볼품없는 카페의 진열창 속에서 빵들은 하루 종일 딱딱해졌다.

 중앙역은 작은 공원이 바라다보이는 곳에 있었다. 비토리오 에마누엘레 2세 거리 뒤에 있는 그 작은 공원은 소외된 사람들의 마지막 피난처였으며 아이들, 목줄에 묶인 개, 마약 중독자, 연인들이 어깨를 맞대고 있는 기이한 생태계였다. 《언덕 위의 악마》에서 파베세는 자신이 자살하게 되는 호텔 앞에 있는 이 공원의 가장자리를 다음과 같이 묘사한다. "저녁 무렵, 여자들, 외로운 사람들, 행상들, 뿌리 뽑힌 사람들이 그곳의 벤치—토리노 중심부에 있는 빈약한 오아시스—에 앉아 있다. 그들은 지루해하고, 기다리고, 늙어간다. 그들은 무엇을 기다리는가? 피에레토는 그들이 거대한 어떤 것을, 도시의 붕괴를, 세상의 종말을 기다린다고 주장했다. 때로는 여름의 폭풍우가 그들을 쫓아내고 모든 것을 씻어내기도 한다."

파베세는 철로 반대편인 크로체타 구역에 살았고, 중앙역에서 몇 미터 떨어진 곳에서 스스로 목숨을 끊었다. 그는 여행을 견딜 수 없어 했고 바다도 싫어했다. 바다는 그가 여러 주 동안 갇혀 있던 칼라브리아의 그 작은 어항漁港에서 그를 비웃음으로써 그에게 앙갚음했다. 그는 이탈리아를 떠난 적이 없었다. 하지만 기차역은 기차를 탈 가능성을 그에게 제공했다. 포르타 누오바, 테르미니, 각각의 역은 새로운 출발점, 아름다운 삶을 향해 열린 문, 알려지지 않은 도시나 항구로 가는 여행, 또는 근처 골짜기로 갈 때 스치는 곳이었다. 로마에서, 때로는 사람을 숨 막히게 하는 그 폐허의 도시에서, 나는 때때로 다음 출발 편들이 적힌 표지판 앞에 혼자 서서 꿈을 꾸곤 했다. 혼자라고 느낄 때, 마음이 괴롭고, 목구멍이 조여들고, 한낮의 악마에게 시달릴 때, 내가 가지 않을 곳을 보기 위해 중앙역에 가야 한다고 생각했다. 바리, 토리노, 볼로냐, 트리에스테, 피사, 프라스카티…. 로마에는 팔레르모까지 가는 야간열차도 있었다. 열차는 다음 날 아침 늦게야 그곳에 도착했다. 그렇지만 팔레르모는 우리에게 부서진 궁전과 아프리카의 황토색 먼지를 꿈꾸게 했다. 숫자로 표기된 그 지명을 해독하는 것만으로도 이미 여행과 비슷했다. 나는 아무것도 하지 않고, 그 목적지들을 다른 여행자들에게 맡겨두고, 테르미니 역 안을 돌아다녔다. 여행 가방 굴러가는 끊이지 않는 소리와 로비의 마이크에서 흘러나오는 플랫폼의 안내 방송, 이런 시끄러운 소음, 그리고 다른 소음들이 결국 나를 짜증나게 했고, 나는 주머니 속에 티켓 한 장 없이 기차역을 떠났다. 1945년 4월 5일자 파베세의 일기에는 이렇게 적혀 있다. "영혼이 다른 곳에 있을 때 어딘가에 사는 것은 아름답다. 우리는 도시에서 시골을 꿈꾸고, 시골에서 도시를 꿈꾼다. 그리고 어디에서나 바다를 꿈꾼다." 파베세가 당대 이탈리아의 가장 위대한 이야기꾼으로 여겼던 비토리오 데 시카는 1953년 한 쌍의 연인이 역에서 기차를 기다리는 장면을 담은 〈종착역〉이라는 영화를 만들었다. 이탈리아 네오리얼리즘의 위대한 시나리오 작가 체사레 차바티니 Cesare Zavattini의 각색으로 만든 영화다. 트루먼 커포티가 미국인 여성 관광객과 그녀가 헤어지기로 결심한, 로마에 사는 이상한 미국인 연인 사이의 대화를 소재로 쓴 단편소설이 이 작품의 원작이다. 그들의 관계는 테르미니 역의 중앙 홀, 식당 그리고 3등석 대합실에서 이어지기도 하고 끊어지기도 한다. 그 미국인 여성은 알루미늄 호일을 씹고 있는 누더기옷을 입은 아이들에게 초콜릿을 나눠준다. 데 시카만큼 어린아이의 눈길을 사로잡을 줄 아는 사람은 없다. 결국 그녀는 8시 30분 파리 행 야간 기차를 탄다.

떠날 수 있다는 확신만 있다면 도시에서 사는 것도 견딜 만하다고 나는 생각했다. 언제든, 출발하는 첫 번째 기차에 올라타는 걸 예상할 수 있으니 말이다. 토리노에서 파베세는 기차의 기적 소리를 들으며 그의 집 근처에 있는 기차역 플랫폼에서 온 세상이 시작된다는 걸 알았다. 그는 《달과 불》에 이렇게 썼다. "기차로 어디든 갈 수 있다고, 철도가 끝나면 항구가 시작되고, 배들이 정시에 출발하며, 온 세상이 도로들, 항구들을 통해 하나로 얽힌다고, 그렇게 여행자들이 이어진다고 나에게 말한 사람은 누토였다…." 화자는 한 항구에서 다른 항구로, 한 역에서 다른 역으로 이동해 미국까지 갔다. 그는 먼 나라들에서 일했다. 하지만 캘리포니아의 바다로 이어지는 언덕들 앞에서 그는 피에몬테와 같은 풍경을 발견하기 위해 전 세계를 여행하는 수고를 할 가치가 있는지 자문했다. 그는 태평양 위로 해가 지는 것을 본 뒤 랑게의 자기 집으로 돌아왔다.

*

기차역을 나서자마자 나는 여자 친구에게 우리의 토리노 여행은 몇 군데를 돌아다녀야 한다고 설명했다. 그렇다, 내가 그냥 우연히 토리노에서 만나자고 제안한 건 아니었다. 토리노는 확실히 우리 삶의 중간 지점에 있었지만, 다른 이유도 있었다. 포르타 팔라초로 점심을 먹으러 가는 동안, 시장이 파할 무렵, 나는 파베세에 대한 나의 막연한 계획, 흔적들의 확실성, 그리고 오래된 화석들을 깨워내야 할 필요성에 대해 그녀에게 이야기했다.

우리는 서둘러 쌓이는 상자들을 정리하느라 정신이 없는 어수선한 광장을 가로질러, 팔리지 않은 상품들을 던져넣기 위해 열어놓은 밴의 사이드미러들을 스쳐 지나갔다. 포르타 팔라초는 시장의 마지막 인파로 가득했다. 장바구니를 든 노파들, 플라스틱 제품 판매인들, 파키스탄산 청과물 상인들, 칼라브리아 출신 요리사들, 그리고 교외의 정육점 주인들. 녹색 전차가 거리 한가운데에 정차했다. 전차는 양손에 짐을 가득 든 채 전차에 올라타려고 서로 떼미는 여행자 무리 앞에 멈춰 섰다. 정차가 하염없이 길어질 듯하더니, 늙은 뱀은 종소리를 내며 다시 요동치고 움직이기 시작했다. 나는 어느 시에서 토요 장터가 끝나갈 무렵이면 항상 그곳에 갔다고 말한 시인 파트리치아 카발리Patrizia Cavalli에게 공감한다. "나는 신선하거나 썩은 과일을 찾는 것이 아니었다. 놓친 기회와 끝나가는 한 주의 확실성만을 찾았다." 오후 2시, 포르타 팔라초 시장은 놓친 기회들을 모아놓은 거대한 중고 시장에 불과했다.

    그러므로 토리노를 내 것으로 삼고, 그곳의 바람에 흔들리는 지붕 덮인 회랑들과 때때로 네온 간판들로 울긋불긋해지는 긴 회색 아케이드들에 익숙해질 필요가 있었다. 나는 파베세가 약간 구브정한 자세로 뒷짐진 채 그곳을 돌아다니던 시절 이후로 그곳의 풍경이 그다지 변하지 않았을 거라고 상상했다. 이따금 나는 스스로 깨닫지도 못한 채 그를 따라했다. 검은 피부의 여자가 미소 띤 얼굴로 나를 보며 내가 벌써 노인처럼 행동한다고 말했다. 그녀는 웃으면서 나를 '장군님'이라고 불렀다.

우리는 포르타 누오바 역과 포르타 수사 역을 여러 번 지나갔다. 그 역들은 마치 숨을 쉬는 것 같았고, 자극적인 금속성의 냄새를 도시에 퍼뜨렸다. 곧 토리노는 우리의 기차표에 자주 등장하는 목적지가 되었다. 파베세의 마지막 시간에 집중해보면, 내가 중앙역에 도착하고 우리가 재회하자마자 한 가지 의문이 떠오른다.

8월 27일에 기차들은 어디로 갔을까?

마지막 해변

토리노는 아름다웠다. 그곳에 대해 험담하는 사람들, 그곳을 야외 공장 정도로, 폐를 탁하게 하고 여름에는 숨이 막히며 겨울에는 얼음장처럼 추운 분지로 격하하는 사람들도 있지만 말이다. 토리노는 변했다. 깨끗이 청소되고 보수되었다. 공장에서 뿜어져 나온 그을음이 싹 씻겨나갔다. 용감한 도시라 해도 행정가들의 선의만으로는 변하지 않는다. 사보이 왕가의 거처였던 토리노는 검게 변하기 전에는 우아했다. "그러나 모든 마을 중 토리노가 가장 아름답다." 파베세는 어느 시의 마지막 부분에 이렇게 썼다. 도시의 일부를 파괴한 폭격이 있기 전이었다. 그곳의 하늘은 구름 한 점 없는 로마의 하늘에 버금갈 정도였다. 우리는 그곳의 몇몇 길 끝에서 보이는 산의 맑은 공기를 호흡했다. 좌우가 대칭적이고 안심 되는 그 도시에서, 직각으로 뻗어 있는 거리는 곧고 함정 하나 없는 거리 그 자체였다. 모든 산책로는 산이나 언덕 발치에서 끝났다. 한쪽에는 만년설이 보이는 능선이, 다른 쪽에는 둥근 숲이 조성된 언덕들이 있었다. 그것들의 따스함이 위로가 되었다. 그것들은 장작불 냄새, 부식토 냄새, 그리고 숲의 매캐한 습기를 엮어 냈고, 자그마한 초목의 그늘진 부드러움과 일요일 오후의 소풍을 연상시켰다. 가을 끝 무렵, 토리노는 불길에 휩싸인 것처럼 보였다. 나무들은 진홍빛 머리카락을 포강에 담갔고, 언덕에서는 붉은 피가 흘러내렸다.

어느 날 우리는 30번 버스를 타고 시내로 향했다. 버스는 강을 건너 파우스토 코피 벨로드롬 앞을 지나, 오른편에서 갑자기 솟아나 언덕 아래로 사라지는 긴 도로인 키에리 거리 쪽으로 미끄러졌다. 도시가 서서히 산등성이에서 떨어져 나왔다. 도시는 시합을 포기했다. 부르주아 주택 몇 채만이 그 공허를 내려다보고 있었다. 내가 어디선가 읽은 바에 따르면, 파베세는 거리를 걸어 올라가 언덕 위 레알리에에 있는 식당에서 점심을 먹곤 했다고 한다. 식당 이름은 트라토리아 델로르소[10]였는데 이후 울티마 스피아자[11]가 되었다. "음식이 맛없어도 비싼 식대를 지불해야 합니다." 식당 명함에 이렇게 예고되어 있었다. '마지막 해변'에서 우리는 맛없는 음식을 먹고 비싼 식대를 지불했다. 이는 피에몬테 사람들의 중뿔난 유머 감각을 보여준다.

그 식당은 경사진 거리를 따라 위치해 있었다. 자동차들이 빠르게 나타나 이산화탄소로 검게 얼룩진 건물 정면을 스치듯 지나갔다. '영업 중'이라는 팻말이 레이스 커튼이 드리워진 창가에 놓여 있었다. 그런 방치된 상태는 좋은 조짐이 전혀 아니었다. 또다시 미개척지를

---

10) 이탈리아어로 '곰 식당'이라는 뜻.
11) 이탈리아어로 '마지막 해변'이라는 뜻.

찾아왔구나, 하고 생각했다. 장인들과 장거리 트럭 운전사들이 정오에서 오후 2시 사이에 중간 기착지로 거기에 와서 식사를 하지 않는다면 누가 여전히 '마지막 해변'을 찾아올지 상상할 수 없었다. 합승마차와 흙길이 있던 시절, 그 건물은 아름다웠을 것이다. 자연색 그대로인 위층의 벽에 밤색 겉창들이 닫혀 있었다. 철제 발코니 두 개에서는 거리가 내려다보였다. 명패에는 고베티Gobetti, 살가리Salgari, 파베세라는 세 명의 유명인사가 이 식당을 자주 찾았다고 적혀 있었다.

나는 길을 건너가 흐릿한 빛이 스며드는 유리문에 이마를 댔다. 손잡이를 돌려보았으나 문은 열리지 않았다. 문이 바닥을 긁는 소리를 내더니 마침내 종소리와 함께 열렸다. 오목한 회색 벽돌 카운터 뒤에서 한 남자가 나타나 곧장 몇 명이냐고 물었다. 그는 놀라지 않았다. 무표정한 얼굴로 우리가 첫 손님이고 다른 손님들이 더 올 거라고 우리에게 말하는 듯했다. 우리는 그날의 메뉴를 훑어볼 시간조차 없었다. 모눈이 그려진 종이에 볼펜으로 몇 줄 적혀 있었는데, 종이가 너무 오래되어서 마치 할아버지의 상자 안에서 발견된 학교 과제물처럼 보였다. 탱커레이 진을 위한 라임색 진열장에 꽂혀 있던 그 종이에는 음식 가격만 적혀 있을 뿐 음식에 대한 설명은 없었다. 첫 번째 코스 토르텔리니[12]는 4유로. 두 번째 코스 그릴리아타[13]는 6유로. 파스타는 4유로로, 다른 시대의 가격과 거의 비슷했다. 남자는 우리를 옆방으로 안내했는데, 창문 앞에 테이블이 놓여 있었다. 어둠에 잠긴 식당 안에서 그 창문이 유일한 광원이었다. 촛대들이 있어서, 어둠이 내리면 손님들을 위해 촛불을 켜나보다 하는 생각이 들었다. 남자는 주방으로 돌아갔다. 바닥을 스치는 그의 발소리가 들리더니 이내 침묵이 흘렀다. 벽 반대편 비탈길을 따라 빈번히 질주하는 자동차들의 소리와 멀리서 들리는 라디오 소리의 메아리만이 정적을 깨뜨렸다. 우리는 단둘이 앉

---

[12] 소를 넣은 동글동글한 파스타의 일종.
[13] 그릴에 구운 바비큐 요리.

아 있었다. 검은 피부의 여자가 짐짓 놀란 듯 입을 익살스럽게 삐죽거렸다. 우리는 그 장소가 이름과 어울린다고 생각했다. 최악의 상황이 두려울 때, 더이상 아무것도 남지 않았을 때, 버스가 당신을 태우지 않고 종착지를 향해 달려가고 시간은 흘러갈 때 거기에, 길가에 마지막 기회가 있었다. 이탈리아어로 '마지막 해변'이라는 말은 바로 그런 의미였다. 최후의 수단.

나중에 72세의 비토리오와 이야기를 나누면서 알게 된 사실인데, 그는 반세기를 그 가게에서 보냈다. 그는 1970년대 말에 자신의 레스토랑 이름을 '마지막 해변'으로 바꾸었다. 그 가게를 막 인수한 시점이었다. 당시에는 정치인들이 암살당하고 기차역, 전화 부스, 우체국에서 폭발 사건이 일어났으며, 붉은 여단[14]이 알도 모로 대통령을 납치했다. 또한 토리노에는 야간 통

---

14) 1970년에 결성된 이탈리아의 극좌 과격파 테러 조직. 이탈리아를 붕괴시키고 프롤레타리아들이 주도하는 마르크스적 대혁명을 일으키는 것을 목표로 했다.

행 금지령이 내려져 있어서, 레스토랑에서 저녁 식사를 하거나 파티를 하려면 몰래 도시를 떠나 언덕으로 올라가야 했다. 비토리오는 우리에게 자신의 아버지가 그 지역 헌병대장의 어린 시절 친구였다고 이야기했다. 대장이 식사를 해야 한다면 누구나 먹을 수 있었다. 그래서 토리노 사람들은 언덕을 올라와 트라토리아 델로르소에서 저녁 식사를 하고 춤을 추었다. 비토리오가 위층에 무도실이 있고 여름에는 테라스도 사용했다고 설명했다. 거기에 작은 등불들을 걸었고, 오케스트라가 밤나무 아래에서 연주를 했다. 손님들이 그에게 인사하고는 똑같은 말을 했다. "당신이 여기 있어서 다행이에요, 비토리오. 당신은 우리의 마지막 기회예요." 그때 그는 자신의 레스토랑 이름을 '울티마 스피아자'로 바꿀 생각을 했다. 나는 이름을 바꾸거나 두 번째 이름을 짓는 것을 항상 경계해왔다. 미신 때문이기도 했고, 종종 유행에 복종한다는 표시이기도 했기 때문이다. 이 점에 대해 비토리오는 내 생각이 틀렸음을 증명했다. 그가 레스토랑의 이름을 그렇게 아름다운 이름으로 바꾼 건 잘한 일이었다. 그는 목에 스카프를 두른 채 역광 속에서 우리가 귀를 쫑긋 기울여야 할 만큼 작은 목소리로 이야기했고, 나는 식물들과 창틀 사이의 거미줄에 주목했다. 외투걸이에는 예전 손님들이 놓고 간 면 소재 모자들이 여전히 걸려 있었다. 나는 길 잃은 옷들과의 교감이 좋았다. 우리는 우리보다 먼저 그곳에 앉았던 낯선 사람들의 유령과 함께 점심 식사를 했다.

비토리오가 정해진 메뉴를 우리에게 불러주었다. 그는 그날 아침 시장에 가서 신선한 아놀로티[15]를 사왔다. 또한 오렌지를 곁들인 강낭콩 요리와 돼지고기 햄 한 접시를 전채 요리로 제공했다. 하우스 와인은 바르베라[16]였다. 그는 밝은 색의 두꺼운 나무 테이블 위에 반 리터짜리 와인 병을 내려놓았다. 파베세가 이 식당에 와서 자리에 앉자마자 주문한 와인이었다. 그 작가

---

15) 반죽 속에 소를 채워 넣은 직사각형 또는 반달 모양의 파스타.
16) 이탈리아 북부에서 생산되는 적포도 품종.

가 와인 한 병이 놓인 테이블 앞에 혼자 앉아 있던 모습을 많은 사람이 기억했다. 바르베라 와인의 시고 떫은 맛, 진한 붉은색, 입안에서 녹는 무게감이 파베세가 여기서 마신 와인의 즐거움을 짐작하게 해주었다. 조금 더 행복해지기 위해 더 많은 것이 필요하지는 않았다. 소박한 와인, 그리고 첫 번째 병이 비어도 와인이 더 남아 있을 거라는 확신이면 되었다.

나는 식당 주인과 함께 파베세를 회상했다. 그는 그 작가가 가끔 토리노에서 왔음을 우리에게 확인해주었다. 비토리오는 턱을 치켜들고 창밖을 내다보며 토리노에 대해 이야기했다. 그 도시가 위협인 것처럼, 남자와 여자, 자동차, 전차 들이 기다리고 있는, 지나치게 넓은 저 아래의 세상인 것처럼 회상했다. 그는 파베세가 울타리 사이에 지그재그로 뻗어 있는 좁은 길가에 자리한 이 식당 위쪽에 사는 어머니를 방문하기 위해 여기에 왔다고 우리에게 말해주었다. 토리노가 직통으로 내려다보이는 이 언덕은 그에게 출생 전의 장소, 신화의 장소인 랑게에서 보낸 여름들을, 천국을 떠올리게 했다. 파베세는 잠시 세상을 떠나 어머니의 배 속으로 돌아가는 것을 허락받은 것처럼 그 도시를 떠났다. 그 언덕은 여성적인 부조浮彫이며, 위로해주는 가슴이었다. 어린 시절로의 완전한 귀환이었다. 1943년 여름, 토리노의 언덕들은 도시를 덮친 폭격들로부터 자연적인 피난처가 되어주었다. 공습경보가 울리는 저녁 시간이면 사람들은 그곳으로 갔다. 별장들의 불빛이 꺼졌고, 그들은 완전한 어둠 속에서 폭풍이 물러가기를 기다리며 친구들과 즐거운 시간을 보냈다. 언덕 위에 집을 가진 사람들은 거기서 밤을 보내고 다음 날 아침 도시로 돌아가 일했다. 그런 다음 하루가 끝나기 전에 다시 언덕으로 올라가 작은 숲의 시원함을 음미하고 그들이 버린 도시, 가난한 가정들, 지하 대피소에 묻힌 노동자와 건물 관리인들에 대한 양심의 가책을 빠르게 잊었다. 그들은 폭탄 아래에서 살아남았다. 그즈음 파베세는 이미 시집 《피곤한 노동》과 장편소설 《너의 집에서》를 출판했고, 《아름다운 여름》의 집필에 착수했다. 그는 전쟁 중 일부 시간을 로마에서 보냈고, 에이나우디에 의해 파견되어 수도에 출판사 지부를 설립했다. 그 후 폭격을 받고 점령된 토리노로 돌아갔고, 포 강 하류 쪽으로 약 50킬로미터 떨어진 몬페라토 언덕에 은거해 해방될 때까지 지냈다. 파베세는 폭격을 피해 시골에서 행복하게 지낸 이 몇 달 동안의 은거 생활에서 영감을 얻어《언덕 위의 집》을 집필했다. 마치 세상이 평화를 느끼기 위해서는 고통을 겪어야 했던 것 같다. 이 책의 첫 문단에서 우리는 신화의 구축을 알아차릴 수 있다. "예전에 우리는 바다나 숲에 대해 말하듯 언덕들에 대해 말했다. 나는 어두워지는 도시를 떠나 저녁에 그곳에 갔는데, 나에게 그곳은 다른 어떤 곳과도 달랐다. 그곳은 사물의 한 측면, 살아가는 방식이었다."

그러니까 어딘가에 사람들이 갈등 없이 포도나무를 경작하며 사는, 부패 없는 세상이 있었다.

어딘가에 언덕이 있었다.

*

 다음 요리를 기다리는 동안, 비토리오가 로마에서 온 변호사라는 손님이 두고 갔다는 서류를 가지고 왔다. 우리보다 먼저 그 남자가, 그리고 다른 많은 사람이 작가의 발자취를 좇아 이곳에 왔던 것이다. 비토리오는 그 서류를 서랍 안에 보관해두었고, 누군가 파베세에 대해 이야기하러 오면 그것을 꺼내왔다. 가족사진과 피에몬테의 풍경이 담긴 10여 페이지 분량의 서류였다. 사진들은 흑백이고 미공개본은 아니었다. 산토 스테파노 벨보의 체사레 파베세 재단에서, 또는 특정 판본의 중요한 문서들에서 그 사진들을 찾을 수 있었다. 비토리오가 파베세 어머니의 사진을 가리켰다. 그녀는 그 식당 조금 위쪽에 살았다. 우리는 시골집 발코니에 기대어 서 있는, 짙은 색 모직 드레스 차림에 잿빛 머리칼을 지닌 강인한 여성을 발견했다. 권위 있는 시선이 그녀가 강한 기질의 여성임을 암시했다. 우리가 테이블 위에 흩뜨려놓은 사진들 중에는 체사레와 함께 살았던 누나 마리아의 초상화도 있었다. 그녀는 이미 노년이었다. 얼굴의 뼈가 앙상했고 입술이 얇았다. 그녀는 다른 곳을 바라보고 있고 양손은 테이블 아래에 있었으며, 테이블 전면에 빈 와인잔들이 보였다. 그녀에게서 동생의 조금 지친 눈을 발견할 수 있었다. 그녀의 눈썹은 실망한 듯 치켜 올라가 있었다. 마리아는 겸손함과 분명한 선의를 풍겼다.

그 우연한 기록들을 넘기다가, 나는 특히 눈길을 끄는 또 다른 사진과 맞닥뜨렸다. 사진이 찍힌 날짜는 1949년 9월, '그 행동'이 있기 1년 전이었다. 숲이 우거진 언덕 측면의 정원에서 찍은 사진이었다. 사진에서 흥겨운 야외 분위기, 여름 휴가의 행복한 무사태평함이 느껴졌다. 사진 속 사람들은 그의 친척과 친구들을 합쳐서 열다섯 명쯤 되었다. 파베세는 오른쪽에 약간 떨어져 있다. 젊은 남자 한 명이 어린 소녀를 품에 안은 채 웅크리고 앉아 있다. 기쁨에 찬 미소를 짓는 소년이 있다. 소년은 경기 시작 전 찍는 사진 속의 축구 선수처럼 한쪽 무릎을 꿇은 자세로 단호한 표정을 짓고 있다. 여자들은 자기들끼리 모여 있다. 남자들이 혼자 사진을 찍은 것과 달리, 그들은 서로 몸을 맞대고 있다. 여자들은 가벼운 재킷 차림이다. 나이가 가장 많은 여자는 검은 옷을 입고 있는데, 두 손을 어떻게 해야 할지 모르는 모습이다. 다른 여자들이 그녀의 팔을 잡고 있다. 파베세는 부재하는 듯 보이지만, 그 부재가 주목을 끈다. 그 부재는 그를 완벽히 존재하게 한다. 그는 렌즈를 보지 않고 다른 사람들을 보고 있다. 마치 자신이 그 프레임에 속하지 않는 것처럼. 그는 어깨를 똑바로 세우고 머리를 살짝 숙인 채 서 있으며, 양손은 바지 주머니 속에 넣고 있다. 그는 짙은 색 정장과 넥타이를 착용하고 있다. 파베세는 사람들이 가족사진과 옛 휴가의 추억을 꺼낼 때 그가 결국 자살했다고 말하게 될 사람이다. 그리고 사람들은 그의 사진 한 장 한 장에서 그 불안함을 찾아낼 것이다.

나중에 나는 사진이 찍힌 1949년 9월에 그가 쓴 글을 찾기 위해 일기를 살펴보았다. 그 사진을 찍고 나서 며칠 후인 9월 30일 자 일기에 그는 이렇게 썼다. "너에게는 더이상 사생활이 없어. 혹은 너의 개인 정보는 객관적으로 공개되고 그것이 네가 하는 일(원고, 편지, 책, 강연)이라고 말해야겠지. 그게 무서워. 너에게는 더이상 망설임도, 두려움도, 실존적 놀라움도 없지. 너는 말라가고 있어.

18세에서 30세 사이의 불안, 울부짖음, 사랑은 어디에 있지? 네가 사용한 모든 것은 그때 축적되었어. 그다음에는? 우린 무엇을 해야 할까?"

비토리오가 디저트를 권했지만 우리는 배가 불렀다. 이탈리아에서 흔히 그러듯 안티파스티[17]라는 덫에 걸린 탓이었다. 나는 눈앞에서 직접 만들어주는 커피를 좋아하기 때문에 카운터에서 커피를 주문했다. 커피는 단순히 입안에서 터지는 뜨겁고 닷있고 쓴 물방울이 아니었다. 그것은 체에 걸러진 원두, 커피메이커에

---

17) 이탈리아어로 전채 요리를 뜻하는 말.

연결된 손잡이, 진동하는 바늘, 그리고 카페 주인이 별 생각 없이 하는 온갖 몸짓, 설탕 봉지와 함께 카운터에 놓여 있는 잔, 그리고 사용하지 않은 작은 숟가락까지 모든 것이었다. 그러는 사이 노동자 세 명이 우리가 방금 나온 방으로 가서 테이블 앞에 앉았다. 그들은 단골손님처럼 주인에게 인사를 하고는 곁눈질로 우리를 조심스럽게 쳐다보았다. 우리는 그들의 두툼한 실루엣이 다가오는 것을 창문을 통해 본 참이었다. 주방에서 여자 한 명이 나왔다. 비토리오의 아내인 듯했다. 그녀가 고개를 끄덕이며 우리를 보았다. 그녀는 힘겹게 걸음을 옮겼고 급기야 더이상 발을 들어올리지 못했다. 그녀는 곰팡이가 핀 전화번호부들이 쌓여 있는 창문 앞으로 가서 등나무 의자에 앉았다. 솔직히 말하자면 그녀는 미친 것 같았다. 그녀의 입에서 나오는 모든 말이 고통스러웠다. 우리는 다음 버스에 관해 이야기했고 그게 다였다. 그녀가 공허한 표정으로 밖을 내다보았고, 프랑슈콩테 산産 시계의 추처럼 고개를 흔들었다. 우리는 겨울의 어느 일요일에 반드시 다시 와야 한다는 확신을 가지고 '마지막 해변'을 떠났다. 그때는 난로에 불이 타오르고, 가족들은 오후 4시까지 그곳에서 점심을 먹고, 중기가 타일 바닥을 점령할 것이다. 비토리오가 붉은 양초들에 하나하나 불을 밝히는 모습을 보고 싶었다.

빛이 하얗고 강렬해져서 눈이 부셨다. 우리는 굴속의 희미한 빛에서 떠나고 있었다. 갈은 피부의 여자는 멈춰 서는 버스에 올라타려고 헐떡이며 뛰어가느라 바르베라 와인에서 퍼올린 마지막 힘을 다했다. 우리는 진영을 선택해야 하는 문제인 것처럼 우리보다 젊은 사람들과 함께 안쪽에 앉았다. 우리가 한 시간 반 만에 예순 살이나 나이를 먹었다는 것을 알지 못했다. '마지막 해변'은 필연적으로 나이를 먹게 하는 장소였다. 그곳에 들어가면 의식하지 못하는 사이에 얼굴에 주름이 생긴다.

그녀가 내 어깨에 머리를 기댔다. 나는 그녀의 이마

에 빰을 갖다 댔다. 30번 버스는 점심때 마신 와인 때문에 잠든 우리를 도시에 다시 내려주었다.

오후 4시 비행기들

    토리노를 가로지르는 큰 숲길 중 하나인 레 움베르토 거리에서 친구와 함께 산책을 하던 중, 파베세는 날아오르려 애쓰는 제비 한 마리를 맞닥뜨렸다. 그 새는 더이상 날개를 펼치지 못하는 듯했다. 마치 배터리가 닳아 서서히 죽어가는 어린아이들의 장난감처럼 보였다. 제비는 비틀거리며 꼬리를 지면에 부딪혔다. 그 짐승은 전차 선로 밑이나 자전거 바큇살에 끌려 들어갈 위험이 있었고 몹시 불안해했다. 파베세와 그의 친구 레나타가 걸음을 멈추었다. 그들은 새를 내려다보았다. 나는 그가 평소 자주 그랬던 것처럼 입에 파이프를 물고 있었을 거라고 상상한다. 파베세가 몸을 굽혀 양손으로 제비를 감싸쥐었다. 제비는 몸부림을 멈추고 담배 냄새와 도시 냄새를 풍기는 그 따뜻한 손안에서 몸을 웅크렸다. 파베세는 그 작은 조류의 심장이 격하게 고동치는 것을 느꼈다. 제비… 그는 아직 제비라고는 생각하지 못했다. 그 새는 생기를 되찾겠다는 약속을 가지고 왔다. 언덕에서 봄기운이 내려오고, 큰길의 보리수에는 벌써 싹이 트고 있었다. 은빛 껍질을 가진 그 나무들은 더이상 가로등과 혼동되지 않을 것이다. 그들도 곧 그 나무들의 잎사귀 아래에서 신선함을 되찾을 것이다. 파베세가 그 새를 양손으로 감싸안았고, 레나타는 재미있어했다. 그녀가 이제 선택권이 없으니 그 새를 돌봐야 한다고 말했다. 파베세는 난처한 마음으로 파이프를 물고 산책을 계속했다. 두 친구는 건물의 첫번째 홀 앞에 멈춰 섰다. 현관이 닫혀 있었다. 그들은 계속 길을 갔다. 이 새에 손을 대서는 안 되었어. 파베세가 투덜거렸다. 하지만 그는 그 상황에 웃음이 나왔다. 행동을 했으면 아무리 작은 것이라도 끝까지 감당해야 한다. 레나타가 조금 앞서 갔지만 매번 닫힌 문을 맞닥뜨렸다. 마침내 그녀는 문이 활짝 열려 있는 건물 앞에 다다랐다. 계단이 위쪽으로 뻗어 있었다. 관리실에서 〈투토스포르〉를 읽고 있던 관리인이 신문 위로 얼굴을 내밀고 쳐다보았다. 파베세는 아무 말 없이 새를 내밀었다. 관리인은 '당신이 해야 할 일을 하세요. 나는 관심 없어요'라고 말하는 듯한 표정으로 어깨를 으쓱했다. 계단을 올라가면서 파베세는 로마에서라면 이야기가 길어지고 결국 건물 거주자들이 그들을 안내했을 거라고 생각했다. 맨 꼭대기 층에 도착하자 레나타가 계단통의 창문을 열었다. 그런 다음 몸을 조금만 움직여도 숨막혀 하는 불쌍한 천식 환자인 파베세의 입에서 파이프를 빼냈다. 토리노에서는 건물들이 하늘 높이 솟아 있지 않아서 그곳은 그렇게 높지 않았지만, 새에게는 그 정도 높이로도 충분할 터였다. 파베세는 창밖으로 몸을 기울였다. 지저귀는 제비를 마지막으로 응시했고, 그런 다음 손을 펼쳐서 제비를 하늘로 날려보냈다. 제비는 날개를 펴고 날아올라 전차 케이블 뒤로 모습을 감추었다. 두 친구는 안심하고 웃으며 서로를 바라보았다.

이것은 레나타 에이나우디가 다큐멘터리에서 전한 이야기이다. 그녀는 그때 자신이 파베세의 행복한 모습을 마지막으로 본 거라는 말도 했다. 이 이야기를 들으면서 나는 《삶의 기술》에 대한 1947년 12월 7일의 그의 메모를 생각했다. "우리는 우리의 삶, 우리의 세상, 우리의 문화에 관해 많은 이야기를 하고, 많은 글을 쓰고, 많은 경각심을 불러일으켰다. 우리는 태양을, 구름을 보고, 거리로 나가 풀과 조약돌을, 개들을 발견한다. 그것은 큰 은총처럼, 신의 선물처럼, 꿈처럼 감동적이다. 하지만 거기에는 현실적인 꿈이 존재하고 지속된다."

레나타는 에이나우디 출판사의 창립자이자 파베세의 고등학교 친구인 줄리오 에이나우디의 두 번째 아내였다. 그 부부는 나탈리아 긴츠부르그, 엘사 모란테 Elsa Morante, 카를로 레비 Carlo Levi, 이탈로 칼비노 Italo Calvino, 마리오 리고니 스턴 Mario Rigoni Stern 등 훌륭한 작가들의 책을 출판한 그 출판사에서 작가들을 자주 만났다. 파베세도 그 출판사에서 책을 냈다. 그는 대형 프로젝트를 시작하듯 미국 작가들의 작품 번역을 맡았다. 수도사처럼 일했고, 하루 종일 서재에 틀어박혀 있었으며, 하루가 저물 무렵에야 어쩌다 외출과 산책을 스스로에게 허락했다. 잠도 거의 자지 않았다. 매일 밤 글을 쓰거나 토리노를 걸으며 시간을 보냈다. 몇 시간이고 침대에 누워 천장을 바라보며 담배를 피우기도 했다.

전쟁이 끝나고 몇 년 후, 레나타 그리고 파베세를 잘 아는 사람들이 모두 사망했다. 나는 너무 늦게 그곳을 찾았다. 생존자를 찾겠다는 나의 유일한 희망은 전쟁 후 몇 년 동안 에이나우디 출판사에서 일한 젊은 인턴의 손에 달려 있었다. 하지만 결국 그건 시간 낭비였다. 우리는 1920년대에 이 땅에서 태어난 남자도 여자도 만나지 못했다. 마지막으로 남은 사람들도 차례로 자취를 감추었다. 그 사람들은 너무 먼 곳에서 왔기 때문에 어느 시대도 아닌 잠 속에서 죽고 말았다. 나는 오래된 자료들을 보면서 위안을 얻었다. 나이가 무척 많은 사람들이 그 속에서 매우 오래된 추억들을 떠올리고 있었다. 나는 그중에서도 레나타의 이야기가 매우 아름답다고 생각한다. 그 이야기에는 날짜가 없다. 그것은 오후 티타임에 안락의자에 앉아 회상하는 추억이었다. 그 추억들에는 날짜도 시간도 없으며, 그곳의 하늘은 여전히 파랗다.

*

 우리가 토리노에서 보낸 오후들은 모두 비슷했다. 그 오후들은 아케이드 아래의 긴 산책들 속에서 소모되는 듯 보였다. 해가 언덕 뒤로 넘어갔고, 우리는 포강을 따라 해가 저무는 모습을 지켜보았다. 배의 노들은 소리 없이 강물 위를 미끄러지며, 끈질기게 노 젓는 사람들이 만들어내는 조화로운 풍경을 선사했다. 그들의 다리가 접혔다 펴졌다 했다. 노들은 물을 튀기지도 않고 강물 속에 잠겼다. 그들은 같은 동작을 끊임없이 반복했다. 때때로 호루라기 소리가 나면, 노 젓는 사람들은 동작을 우뚝 멈추어 배를 천천히 흘러가게 했다. 도시에서는 학생들이 학교에서 돌아오고, 일하는 사람들이 퇴근하고 있었다. 우리는 연금 생활자들과 보모들이 간간이 오가는 시간인 한낮에 텅 빈 전차를 탔다. 고등학생들이 욕설과 사랑의 말을 끼적여놓은 더러운 유리창 앞에 작은 의자들이 일렬종대로 놓여 있었다. 그 낙서에서 "마리아, 티 아모"[18] 또는 "유베 메르다"[19] 같은 말을 알아보는 일이 드물지 않았다. 전차 운전사는 챙 없는 모자를 깊이 눌러쓰고 콧물을 흘리는, 나이를 가늠할 수 없는 남자들이었다. 마치 네오리얼리즘 영화에서 튀어나온 사람들 같았다.

나는 우리 사랑의 방랑에 헛된 우회를 시도하고 있

---

[18] 이탈리아어로 '마리아, 사랑해.'
[19] '유벤투스 똥'이라는 뜻의 이탈리아어. 프로 축구팀 유벤투스를 모욕하는 표현이다.

었다. 파베세가 즐겨 찾던 카페, 그가 책에서 언급한 거리를 보고 싶었다. 나는 동일한 반응이 일어날 거라고 생각하며 내 강박관념들을 도시의 지도 위에 표시했다. 토리노에서 우리가 좋아하는 곳인 비토리오 베네토 광장의 아케이드 아래에 있는 카페 엘레나로 바람처럼 들어갔고, 곧바로 안쪽 깊숙한 곳으로 가서 웨이터의 시선을 피했다. 파베세가 빈의 카페들을 연상시키는 그 카페의 구석 자리에 앉아 답안지를 채점하는 교사처럼 글을 썼다는 사실을 나는 알고 있었다. 오후가 저물 무렵, 빛줄기가 뒤쪽 구석에 있는 "그의 자리"를 할퀴듯 비추었다. 나는 그 카페가 몇 년 전에 팔렸다는 걸 알게 되었다. 옛 주인은 매일 함께 지내던 작가의 유령에 대한 미신 때문인 듯 파베세가 작업하던 테이블을 가지고 갔다. 그들은 카페를 떠났지만 파베세를 지키고 있었다.

우리는 비토리오 베네토 광장에서 마다마 궁전 방향으로 포 가도를 거슬러 올라가다가 그가 자주 찾던 서점 앞에 다다랐다. '라 부솔라'는 아케이드 아래의 할인 상품 판매대와 회전식 엽서 판매대 뒤에 숨겨진 눈에 띄지 않는 상점이었으며, 간판은 그곳이 한때 인문학을 위한 장소였음을 전혀 드러내지 않았다. 어린이용 책들이 그 공간을 점령하고 있었고, 영광스러웠던 과거를 떠올리게 하는 건 아무것도 없었다. 어느 날, 나는 거기서 책들이 가득한 선반, 작은 예배당, 영묘靈廟를 발견하리라 확신하며 서점 주인에게 파베세의 책들을 요청했다. 그 남자는 자리에서 일어나 아름다운 책들이 놓인 테이블을 빙 둘러 돌아가며 중얼거렸다. "파베세, 파베세…" 그는 서점 안에 흩어져 있는 몬다도리의 음울한 회색 책 세 권을 찾으러 갔다. 더 많은 책을 찾아주려고 애썼지만 더이상은 없었다. 그는 공모의 몸짓을 통해 내가 이미 알고 있는 사실, 그러니까 파베세가 예전에 이곳에 왔다는 사실을 지적할 수도 있었을 것이다. 하지만 그러는 대신 자기 책상으로 돌아가 하던 일에 복귀했다. 파베세, 그 불행한 사람은 기분 좋게 느끼고 행복해지는 것이 명령이 되어버린 이 시대에 더이상 진정한 관심사가 못 된다는 듯이. 나는 파베세가 토리노의 자랑이자 그곳의 저명인사 중 한 명이라고 생각했다. 하지만 그가 자주 찾던 아름다운 서점에서도 그의 기억은 더이상 살아있지 않았다. 작가는 오로지 작품을 통해서만 남고, 길모퉁이마다 그의 그림자를 찾는 것은 지는 싸움이라는 것을, 굳이 증거가 필요하다면, 더할 나위 없이 증명해 보였다. 어쨌든 《여자들끼리》의 클레리아는 포 가도가 "대단히 힘든 곳"이라고 경고했다. 토리노에 의상실을 차리려고 로마에서 온 클레리아는 그곳에서 별다른 일이 일어나지 않는 것을 실망스러워했다. "사람들은 일요일에만 포 가도에서 산책을 했다."

우리는 그 도시를 알게 되었다. 토리노를 내 것으로 삼는다는 건 몰레 안토넬리아나[20]의 첨탑이 언제든 우리 머리 위로 솟아오를 수 있음을 염두에 둔 채 마차나

---

20) 토리노의 주요 랜드마크. 국립 영화 박물관이 들어서 있으며 세계에서 가장 높은 박물관으로 여겨진다.

기차를 타지 않고 정처 없이 걸으며 어슬렁거린다는 뜻이었다. 그 기묘한 건물은 크라이슬러 빌딩과 비슷한 분위기였다. 그것은 언덕들을 넘겨다보는 고층 빌딩이었고 길 잃은 여행자에게 길잡이가 되어주었다. 검은 피부의 여자는 오후의 우울한 기분에 민감했다. "나는 오후가 싫어." 어느 날 그녀가 확실하게 표명했다. 그녀에 따르면, 그런 서글픔은 영화를 보러 가거나 사랑을 나누는 것으로 치유된다고 했다. 어느 날 하늘에 비행기가 지나가자 그녀는 이렇게 말했다. "어머나, 4시 비행기네." 그녀는 오후 끝 무렵, 비행기가 윙윙거리는 소리를 사람들이 항상 구별한다는 점에 주목했다. 휴일이나 일요일에, 파란 하늘에서 기대할 것이 더는 아무것도 없을 때, 해가 지려고 할 때, 해가 더이상 빛나지 않지만 마지막으로 저항한 뒤 멀어져갈 때, 사람들은 하늘을 보지 않고도 '4시 비행기'라는 말을 하곤 했다. 비행기 윙윙거리는 소리는 낮잠 시간에 꽃 무더기 속에서 꿀을 모으는 곤충이 내는 소리와 비슷했다. 그것은 그곳 어딘가에 있고 결국 사라질 터였다. 나중에는 4시

비행기를 먼저 알아보는 게 하나의 놀이가 되었다. 가끔 그녀는 자기 손목시계를 보고는 저건 좀 일찍 왔다고 말했다. 우리는 종교적 침묵 속에서 그 소리에 귀를 기울였다. 4시 비행기가 그녀에게 할머니 집 정원에서 보낸 여름날 오후들을 떠올리게 한다는 걸 나는 깨달았다. 그것은 어린 시절로의 회귀였다.

 토리노는 2~3일 동안만 지속되었다. 그 이상은 결코 아니었다. 게다가 우리는 항상 같은 방식으로 새벽에 그곳을 떠났다. 출발을 앞둔 밤은 고약하고 불안정하지만 행복한 밤을 보낸 후, 우리는 잠든 도시에서 마지막으로 산책을 한 뒤 기차역 플랫폼에서 헤어졌다. 대로들은 완전히 비어 있었다. 기차역 근처에서만 여행자들이 바퀴벌레들처럼 어둠 속에서 모습을 드러냈다. 불을 밝힌 호텔 로비에서 접수 담당 직원이 지루해하고 있었다. 노란 불빛 아래에 아침 식사가 차려졌다. 우리는 가끔 로마 호텔 앞을, 그 행동이 일어난 창문 아래를 지나갔다. 우리는 흘깃 눈길을 던지며 누군가가 저 안에서 평온하게 자고 있을 거라 생각했다.

우리가 탈 기차는 차례로 기차역에 들어와 동시에 출발했고, 각기 다른 방향으로 갔다. 내가 포 평원을 가로지르는 동안, 검은 피부의 여자는 산 속으로 들어갔다. 두 가지 풍경이 우리 눈앞을 지나갔고, 우리는 각자 그 풍경에서 행복한 우수憂愁를 떠올렸다. 우리는 사랑으로 가득 찬 채 헤어지고 있었다. 해가 뜨기 전, 집 안에서 아이들을 학교에 보내려고 깨우는 시간에 우리는 헤어졌다. 토리노에 온전한 애착을 느끼려면, 해 뜨기 전에 체르나이아 가도를 큰 걸음으로 걷고 광장이나 대로를 가로질러야 했다. 후회 그리고 기다리지 않는 기차 같은 신속함이 필요했다. 마침내 우리는 덜컹거리며 다른 도시들로 옮겨가 우리가 사랑했던 또 다른 시인 산드로 펜나Sandro Penna의 시구처럼 살았다.

    인생은… 새벽 기차 안에서
    슬픈 깨달음을 기억하는 것이다.

매서운 공기의 순결하고 얼얼한 우수를

흐릿한 빛 밖에서 보았음을,

부서진 그 몸 안에서 느꼈음을.

  어느 날 플랫폼에서 그녀가 마지막으로 한 말은 "그러길 바라"였다. 그 전에 우리가 무슨 대화를 나누었는지는 기억나지 않지만, 그 말은 내 머릿속에 남았다. 그녀는 무엇을 바랐을까? 우리가 여전히 서로를 사랑하는지에 대해 이야기했는지, 가능한 한 빨리 다시 만나자고 이야기했는지, 아니면 그냥 우리의 도시인 로마와 파리에 제시간에 도착할지에 대해 이야기했는지 나는 더이상 알 수 없었다.

  그러길 바란다.

어울리지 않는 아름다운 커플

나는 어둠이 내렸을 때 마리아로사를 만났다. 12월의 어느 저녁이었다. 나는 이집트 박물관의 지척에 있는 인적 없이 횅한 카를로 알베르토 광장에서 지나가는 사람들을 한 명 한 명 살펴보며 그녀를 기다렸다. 학생들이 도서관에서 나오고 있었다. 멀지 않은 곳에 음악학교가 있는지 몇몇 실루엣들이 악기를 들고 있었다. 기타 선생님처럼 보이는 젊은 남자가 광장을 가로질러 왔다. 그는 두 시대 사이에서 길을 잃은 듯했다. 지저분한 머리카락이 어깨까지 내려오고, 반지 여러 개를 끼었으며, 행복한 표정이었다. 가방 구게에 힘겨워하는 키 작은 여자 한 명이 내가 서성이고 있는 기마상 쪽으로 다가왔다. 그녀였다. 마리아로사는 파베세가 자살하기 2년 전에 태어났다. 그녀는 토리노 대학교의 이탈리아 문학 교수이며 훌륭한 파베세 전문가였다. 토리노 출신 작가들이 그녀의 전문 분야였다. 그녀는 파베세 외에도 조반니 아르피노Giovanni Arpino와 말년의 귀도 고차노Guido Gozzano에 대해서도 글을 썼다.

마리아로사는 얼굴이 둥글고 머리는 밝은 밤색이었으며, 직함에서 알 수 있듯이 언뜻 보기에 엄숙한 분위기였다. 짙은 눈썹이 그런 분위기를 더욱 강조했지만, 아주 낮고 부드러운 목소리와 자애로운 미소가 그 분위기를 즉시 반전시켰다. 그녀는 약간의 피에몬테 악센트로 말했고, 몇몇 'r'들을 프랑스어식으로 발음하기도 했다. 나는 그녀의 말을 알아듣기 위해 신중하게 귀 기울여야 했다. 도시의 소음이 그녀가 하는 모든 말을 위협했다. 우리는 포 가도 모퉁이에 있는 유서 깊은 건물에 자리한 카페 피오리오까지 몇 걸음 걸어갔다. 그녀는 이 자리에 프랑스 서점이 있었다고 말했다. 이유는 알 수 없지만 그 서점은 폐점했는데, 국경과 가깝고 어떤 면에서는 프랑스적 우아함을 매우 즐기는 토리노 같은 도시에서 서점이 문을 닫은 것이 안타깝다고 했다. 우리는 피오리오의 카운터와 계산대를 지나, 아이스크림 코너 뒤쪽, 주변의 소음에서 벗어난 좌석에 자리를 잡았다. 그곳은 예뻤다. 천장 바로 밑에 코니스[21] 장식이 있고, 아름다운 바닥 곳곳에는 자줏빛 카펫이 깔려 있었다. 마리아로사는 따뜻한 사바욘[22]과 비스킷을 주문했다. 타고난 우유부단함이 나이가 들어도 나아지지 않는 나는 선택하는 데 시간이 걸렸다. 그녀처럼 디저트 빵을 선택한 후, 정말로 무엇이 나를 기다리고 있는지는 알지 못한 채 그녀에게 질문을 했다. 그녀가 하는 말을 잘 듣기 위해, 나는 마치 그녀가 나에게 속내 이야기라도 털어놓는 것처럼, 지나치다 싶을 정도로 그녀 쪽으로 몸을 기울여야 했다. 우리는 그 카페의 작은

---

21) 벽 기둥 윗부분에 장식으로 두른 쇠시리 모양의 돌출부.
22) 달걀 노른자, 설탕, 마르살라 와인으로 만든 이탈리아 디저트.

원형 대리석 테이블에 몸을 웅크린 채 팔꿈치를 맞대고 비밀들을 공유했다. 식기들 부딪히는 소리가 그녀의 심기를 불편하게 만드는 듯했다. 그녀는 매번 소스라쳐 놀랐다.

마리아로사는 내가 어렵게 찾아낸 어느 책의 재발행을 지휘했는데, 그것은 내가 그 기원을 이해하려고 노력한 기이한 프로젝트였다. 파베세의 말에 따르면, 《대화재》는 전쟁 직후 그가 비앙카 가루피Bianca Garufi라는 작가와 공동으로 쓴 '양성애 소설'이었다. 그 책은 절판되어 서점에서 구할 수 없었다. 나는 로마의 메룰라나 가도에 있는 푼토 에이나우디 서점 주인에게 내 연락처를 남겨두기까지 했다. 사다리 꼭대기에 있던 그는 코 끝에 걸린 안경 뒤의 눈에 재미있어하는 표정을 담은 채 나를 바라보았다. 언젠가 그 책이 보이면 나에게 연락하겠다고 약속했다. 프랑스에서는 이 작품이 1970년대 초에 번역되어, 단편소설과 짧은 이야기들을 모은 《축제의 밤》이라는 작품집에 수록되었다. 마침내 나는 그 책의 이탈리아어판을 입수했다. 파베세 스타일의 매우 짧은 소설이었고, 미완성이었다. 두 명의 등장인물이 장마다 이야기를 주고받았다. 조반니-파베세가 이야기를 시작하고 실비아-비앙카가 이야기를 이어받았다. 그 이야기는 몇 마디로 이루어졌다. 실비아는 오랜 부재 후에 약혼자와 함께 마라테아의 가족 집으로 돌아가고, 그곳에서 가족의 비밀을 밝혀낸다.

여성들과의 관계가 그토록 복잡했고, 여성들에 대한 신랄함, 앙심, 잔인함으로 가득 차 있었고, 고독하고 내향적이었던 남성 작가가 다른 여성과 함께 몇 주 동안이나 작업할 수 있었다는 사실에, 심지어 그 여성의 텍스트를 매우 진지하게 여겼다는 사실에 나는 놀랐다. 마리아로사는 비스킷을 사바욘에 적셔 한 입 베어 물고는 파베세는 실험적인 작가라고 나에게 설명했다. 그는 새로운 일을 시도하는 것, 분위기를 바꾸는 것, 스스로를 시험하는 것을 좋아했다. 그가 늙지도 젊지도 않은 중년의 나이에 자살한 것 역시 자신이 모든 것을 말하고 모든 것을 썼다고 생각했기 때문일 것이다. 그의 마지막 책 《달과 불》은 그의 《신곡》이었다. 그는 자신의 문학을 마쳤고, 따라서 삶도 마쳤다.

1945년 여름, 에이나우디 출판사 본부를 재건하기 위해 로마로 파견된 파베세는 비앙카 가루피라는 매혹적인 시칠리아 여성을 만났다. 그녀는 길고 풍성한 검은 머리칼과 짙은 색 피부에 키가 크고 말랐으며 연약했다. 당시 비앙카는 스물여덟 살의 젊은 여성이었다. 그녀는 출판되지 않은 책 한 권을 썼을 뿐이었다. 그녀는 출판사 사무실에서 일하면서 번역을 시작했다. 파베세는 그녀와 사랑에 빠졌다. 그는 또 한 번 자신에게 너무 아름다운 여자를 선택했다. 그의 실망도 거기서 비롯했다고 마리아로사는 생각했다. 그는 자신에게 걸맞지 않은 여자들에게 반했다. 내향적인 남자, 침울하고 못생긴 남자인 그가 말이다. 결국 그 여자들은 그를 떠났다. 그가 그의 책과 슬픔 들로 그녀들을 지루하게 만들었기 때문이다. 그는 스스로를 혐오했고, 다른 사람들에게도 혐오감을 주었다. 토리노로 돌아온 그는 1945년 11월 25일 비앙카 앞으로 쓴 장문의 편지에 여전히 그녀와 결혼하고 싶다는 마음을 털어놓았다. 그는 이렇게 썼다.

> 이제 나는 당신에게 몇 가지 부끄러운 이유를 더 고백하려고 해요.
> (…)
> 나는 순진한 척한다
> 나는 돈에 대해 생각한다
> 나는 담배를 파는 사촌이 부끄럽다
> 나는 한때 자위를 많이 했다.

그는 사랑이 존경심에서 자라난다는 사실, 다른 사람을 사랑하려면 어느 정도의 경탄이 필요하다는 사실을 모르는 것 같았다. 파베세는 스스로를 괴롭히고, 스스로에게 모욕을 주고, 스스로 망가졌다. 그의 일기에는 그 자신과 여성들을 향한 무한하고 때로는 외설적인 잔혹함이 숨겨져 있다. 1946년 9월 9일 자 일기에는 이렇게 쓰여 있다. "악惡을 생각해라, 그러면 틀리지 않을 것이다. 여성들은 독일 국민처럼 적대적인 민족이다."

여성들은 자살과 더불어 《삶의 기술》의 주요 주제 중 하나였다. 1936년 칼라브리아 유형 생활 후 돌아와서 다시 만나게 될 거라 생각했던 "쉰 목소리의 여자" 티나 피자르도Tina Pizzardo와의 관계 이후, 파베세는 실패를 거듭했다. 페르난다 피바노Fernanda Pivano, 비앙카 가루피, 미국 여성 콘스턴스 다울링Constance Dowling…. 실망스러운 사랑들이 그의 인생의 붉은 실을 직조했고, 거기서 "터무니없는 악덕"이 자라났다. 파베세는 외로움과 싸우기 위해 무도회에서 처음 만난 여자를 "내 사랑"이라고 부르며 가벼운 연애에 매달렸다. 모든 결별이 도덕적 박해, 즉 상대방에 대한 행복한 기억을 일깨워 먼 과거 속으로 떠나보내는 순교가 되었다. 아픔이 치유될 때, 기쁨은 우울이 된다. 그는 비앙카와 함께 멋진 로마의 가을을 경험했다. 전쟁이 막 끝난 참이었다.

재건이 필요했고, 새로운 시작은 벌이가 변변치 못한 사람들에게 기쁨의 동기가 되었다. 그들은 일을 통해 스스로를 치유하고, 일 속에서 자신을 잊고, 거기서 위안을 퍼올렸다.

가을의 마지막 날들은 드물게 강렬했다. 그의 일기와 편지들이 그것을 증언하고 있다. 1945년 11월 27일, 그는 《삶의 기술》에 다음과 같이 썼다. "새벽, 안개가 희미하게 낀 신선한 연보랏빛 새벽이다. 티베레 강도 똑같은 색이다. 우울함은 무겁지 않고, 햇빛 아래에서 빠르게 흩어진다. 집들과 나무들, 모든 것이 잠들어 있다.

얼마 전 옆쪽 벽의 창가에서 새벽빛을 보았다. 거기에는 안개가 있었고, 건물이 있었고, 생명이 있었고, 인간의 온기가 있었다."

마리아로사가 이탈리아에서 출판한, 파베세와 비앙카 가루피가 주고받은 서신집은 《대화재》의 구상에 대한 귀중한 단서들을 제공했다. 그들은 서로에게 자신이 쓴 장章을 보내고, 서로 질문을 하고, 의심의 여지 없이 스스로를 반영하는 등장인물들을 재검토했다. 파베세: "내가 쓴 대화와 6장을 보냅니다. 지금 나는 더 나아가기를 기대하고 있어요. 여기서 나는 혼자이고 행복해요. 멀리 떨어진 곳에 우리를 온화하게 기억해주는 사람이 있는 것보다 더 행복한 일은 없습니다." 비앙카: "오늘 저는 벌써 소설의 7장을 끝냈어요. 그런데 아직 타이핑하지 못했기 때문에 당신에게 보낼 수가 없어요. (…) 오늘 저는 하루 종일 침대에 누워 있었어요. 제 방 창밖으로는 나무들과 하늘만 보여요. 바람이 거세게 불고 하늘은 새파랗네요. 당신이 쓴 장은 매우 아름다워요. 제 것은 정반대고요…."

비앙카는 자신의 몸과 기이한 관계를 맺고 있는 듯했다. 그녀가 겪는 것은 단순한 식욕부진이 아니라 몸을 말리고 정화하려는 강박관념이었고, 너무나 허술해서 종종 그녀를 아프게 만들던 이상적인 행복에 대한 추구였다. 1946년 2월, 그녀는 로마를 떠나 이탈리아

최초의 온천 요법 센터 중 한 곳인 콜로니아 아르날디에 도착했다. 제노바의 고지대인 우시오 숲속에서 공동생활을 하며 엄격한 생활 규범과 식물을 통한 치유를 통해 신체의 완전한 해독을 실험하는 곳이었다. 비앙카는 몇 주 동안 그곳에 머물렀고, 행복한 날과 만성 질환으로 고통받는 날이 교대되는 가운데 점점 쇠약해졌다. 파베세는 병을 치료하러 와서 오히려 병에 걸리는 그 이상한 장소를 조롱했다. 그들은 서르에게 편지를 썼다. 그가 그녀를 만나러 가겠다고 약속했다. 마리아로사는 기록을 찾기 위해 우시오에 갔지만, 그가 콜로니아 아르날디에 들른 기간에 대한 그 어떤 증거도 찾지 못했다. 시간이 흐르면서 물리적 거리는 심리적 거리가 되었다. 그들의 관계는 특별한 우정으로 변화했고, 파베세는 그것에 대한 실망을 그의 책 《삶의 기술》에 다음과 같이 썼다. "너는 혼자야. 너와 대화를 나누는 여자가 있다는 건 별것 아니지. 중요한 건 오로지 몸의 포옹이야. 왜, 왜 너에게는 그것이 주어지지 않을까?" 한편 비앙카는 그녀의 삶에서 항상 파베세가 중요한 존재라고 말했다. 몇 달 뒤 그녀는 일기에서 그를 '소울메이트'라고 부르며 "우리는 씁쓸하게 웃었고, 성적 사랑의 작은 특수성 때문에 우리가 결혼할 수 없다는 사실에 대해 크게 한탄했다"고 털어놓았다. 여기서 비앙카가 언급한 것은 파베세의 발기부전일 가능성이 있다. 이 말은 알쏭달쏭한 표현으로 남아 있다. 연인이 어떤 의미로는 좋은 친구, 소중한 친구가 되었다. 파베세로서는 새로운 굴욕으로 해석할 수 있는 문제였다. 하지만 여자들에게 아무런 해도 끼친 적 없는 이 남자는 비밀스러운 자존심 때문에 그것에 만족했다. 그들은 작가가 1946년 4월 17일자 편지에 묘사한 "어울리지 않는 아름다운 커플"이 되었다.

이후로 그들 사이의 편지는 더욱 뜸해졌고, 점차 멈췄다. 《대화재》는 여전히 진행 중이었다. 그들은 그 작품을 끝내지 못할 터였다. 완성되지 않은 이 책은 1959년 여름 이탈로 칼비노에 의해 출판된다. 파베세의 10주기를 준비하던 그때, 그의 사무실에서 그 원고가 발견되었다. 파베세의 글들을 모은 단행본 출간을 이미 준비 중이었지만, 칼비노는 《대화재》를 따로 출판하기로 했다. 평론가들은 이 책에 대해 훌륭한 작품이라고 경의를 표했지만, 위대한 소설을 예고한다는 평가와 지나치게 가볍고 혼란스러우며 별다른 흥미를 끌지 못하는 짧은 글이라는 평가 사이에서 망설였다. 프랑스의 어느 평론가는 감히 "《롤리타》의 이탈리아 자매"라고 말하기도 했다. 사람들은 비앙카 가루피가 거장의 그늘에 있었다고 짐작했지만, 책이 발간되자 그녀가 신중하고 겸손하다고 칭찬했다. 누군가는 그녀가 파베세 스타일의 모방자라기보다는 파베세의 제자로 보인다고 말했다.

*

카페 피오리오의 노란 불빛 속에서 우리의 대담은 천천히 사그라졌다. 잠시 침묵이 흘렀다. 전차가 굉음을 울리며 포 가도를 지나갔다. 상점들은 셔터를 내리고 있었고, 창문 너머 아케이드 아래로 레인코트와 겨울 외투들이 행렬을 이루어 지나가는 모습이 보였다. 좀 더 멀리에서는 시끌벅적한 작은 무리가 자리에 앉아 맥주를 주문했다. 식전주를 마실 시간이었다. 사바욘은 식어버렸다. 떠나기 전 마리아로사는 파베세와 비앙카 가루피 사이에 오간 서신들을 자신이 어떻게 출판했는지 말해주었다. 그녀는 로마의 트라스테베레에 사는 한 시칠리아 여성을 찾아갔다. 그 여성은 훌륭한 심리상담사였고 융을 이탈리아에 소개한 공로를 인정받았으며 2000년대 초에 사망했다. 마리아로사는 이국적인 여행 기념품들이 어지럽게 널려 있던 그녀의 아파트를 기억했다. "그녀는 커다란 동양식 안락의자에 앉아 있었어요." 마리아로사가 말했다. "그녀는 내가 편히 말하게 두었고, 오후 내내 나를 분석한 뒤 저녁이 되자 말을 편하게 트자고 제안했어요. 그러더니 잠시 후 파베세의 편지들을 함께 살펴보면 어떨지 나에게 묻더군요. 그녀는 그 편지들을 다시 읽어보지 않았다고, 그 속에서 무엇이 나올지 너무 두려웠다고 했어요…." 마리아로사는 그날 저녁 로마 호텔 예약을 취소한 일을 떠올렸다. 비앙카 가루피가 그녀에게 하룻밤 묵고 가라고 했기 때문이다. 그녀는 권위 있는 목소리로, 선한 시칠리아 사람은 손님을 호텔에서 자게 하지 않는다고 말했다. "나는 그녀 집 거실에서 밤을 보냈고 한숨도 자지 못했답니다." 마리아로사가 말했다. "나는 파베세의 편지를 모두 읽고 메모도 했어요. 60통이 넘었죠. 그 후 나는 그녀의 집을 여러 번 다시 방문했어요. 우리는 그 편지들을 다시 읽었고, 마침내 그녀는 파베세에 대한 기억과 화해했다고 나에게 말했죠."

자살한 사람의 친구들이 그렇듯이, 비앙카 가루피는 죄책감에 시달리고 파베세의 죽음에 대해 자책했다. 1950년 8월 말 파베세가 자살했을 때, 그녀는 한 음악가와 결혼한 상태였다. 그해 여름 그녀의 남편은 파리에서 연주할 예정이었고, 그녀는 프랑스로 가는 길에 토리노에 들르겠다고 그와 약속했다. 하지만 그녀가 그러지 못하게 된 작은 이유가 수천 가지나 있었다. 그녀는 곧장 파리로 갔고, 며칠 후 신문을 통해 친구의 죽음을 알게 되었다. 파베세를 흔들어 음산한 호텔 방에서 끌어낼 수 있는 사람은 결국 아무도 없었다. 1950년 말, 그녀는 일기에 이렇게 썼다. "내가 여기에 파베세가 자살했다고 썼던가? 그렇다, 8월 28일에. (원문대로) 파베세, 멍청한 사람. 도움을 받을 수는 없었나요? 어쩌면 내가 당신을 도울 수 있었을지도 모르는데 말이에요."

바닷길

어느 날 마르코 판타니Marco Pantani는 왜 그토록 빠르게 고개를 오르느냐는 질문을 받았다. 과묵하고 말이 없는 그 사이클 선수는 간단히 이렇게 대답했다. "고통을 줄이기 위해서입니다." 그의 소설들에 관해 이런 질문을 받았다면 파베세도 같은 대답을 했을 것이다. 빠르게 글을 쓰는 것이 그가 고통에서 도망치는 방법이 아니었을까? 파베세는 몇 주 만에 책을 집필했다. 1938년 11월 말부터 1939년 4월까지 《감옥》을. 1940년 3월부터 5월까지 《아름다운 여름》을. 1946년 10월에서 크리스마스 사이에 《동료》를. 그의 가장 훌륭한 책인 《달과 불》은 1949년 가을 하루에 한 장章씩 열광적인 속도로 집필되었다. 그의 다른 작업들, 즉 번역물, 시, 일기, 1945년에서 1947년 사이에 간헐적으로 집필된 《레우코와의 대화》는 제쳐두더라도 말이다. 1946년 초여름, 비앙카 가루피와의 관계가 끝나고 열정이 거의 다했을 때—"그것은 열정이 끝날 때 일어나는 일반적인 침체였다. 혼란스러웠고, 기진맥진했으며, 의지가 약했다"—, 그는 일기에 서로 보완되는 두 가지 성찰을 기록했다. 6월 19일: "게임에서 지면 나는 시를 쓰기 시작한다. 그러나 우리는 시가 상황을 변화시키는 것을 한 번도 본 적이 없다." 그리고 6월 27일, '작가의 유혹'이라는 제목 아래 그는 이렇게 썼다. "방금 발사된 총처럼 여전히 흔들리고 불타면서 너를 전부 비워낸 채, 네가 너 자신에 대해 아는 모든 것뿐만 아니라 의심하고 가정하는 것, 소스라침, 유령들, 무의식까지도 비워낸 채 무언가를 썼다. 오랜 피로와 오랜 긴장이라는 대가를 치르고, 며칠 동안의 떨림으로, 갑작스러운 발견과 실패를 통해 얻은 신중함으로, 그리고 너의 삶 전체를 그 지점에 고정하면서. 인간의 몸짓, 단어, 존재가 그것을 받아들이고 따뜻하게 해주지 않는다면 이 모든 것은 아무것도 아닌 것과 마찬가지임을 자각한다. 그렇지 않으면 추위로 죽어가는 것이고, 사막에서 말을 하는 것이고, 죽은 사람처럼 밤낮으로 혼자인 것이다."

 파베세가 비명을 지르고 있었다. 그는 사람들이 응답해주기를 원했다. 그는 자신이 가진 탄약들을 없애듯이 글을 썼다. 아마도 마르코 판타니는 양손을 내린 채 고개를 올라가고 다음 굽잇길을 올려다보았을 것이다. 그도 자신의 총에서 탄약을 없앴을 것이다. 글을 쓴 페이지와 달려온 킬로미터 수가 많을수록 고통은 적어진다. 파베세는 죄의식이라는 매우 남성적인 유혹에 굴복했지만 고통을 혼자서 간직한 듯하다. 고통은 개인적인 문제였고, 탐독가인 나는 그의 말을 심각하게 받아들이지 않았다. 절망적인 책들이 반드시 우리를 슬프게 만드는 건 아니다. 토마스 만은 삶에 반하는 글이 삶을 살고자 하는 유혹을 제공한다고 말하기까지 했다. 파베세는 외로움도 절망도 찬양하지 않았다. 그것들을 냉철하게 견뎠다. 또한 우리는 고개를 오르는 사이클 선수가 겪는 고통을 결코 짐작하지 못하는—그것을 전달하지 못하는—것과 마찬가지로, 글 쓰는 사람들의 불행에도 완전히 공감하지 못한다. 이것이 고통받는 사람들이 결국 혼자가 되는 이유다. 고통은 읽을 수 있지만 공유할 수는 없는 감정이다.

파베세에게는 좀 더 행복한 공동체가 있었다. 그는 독자들을 그의 책 속 등장인물처럼 살고 싶게 만들었다. 그의 작은 세계를 내 것으로 삼은 이후로 나는 "이건 파베세 스타일이야" 혹은 "이건 파베세의 책에 나오는 장면 같아"라고 즐겁게 말하는 습관이 생겼다. 루카 언덕 위에 갑자기 나타난 식당, 올리브나무에서 나는 장작불 냄새, 자전거를 타고 갈 수 있는 너도밤나무 아래에 있는 작은 식당, 그리고 저녁이 오면 켜지는 화환 모양의 작은 등불 장식. 이것이 바로 파베세 스타일이었다. 7월의 어느 날 저녁 발텔리나에서 열린 돼지고기 요리 축제에서 오케스트라 연주와 노인들의 춤, 그리고 좀 더 젊은 사람들이 자부심을 느끼며 간이 식당에서 점잔 빼는 모습이 펼쳐졌다…. 그 장면은 마치 파베세의 책에서 튀어나온 것 같았다. 그리고 포도밭 앞에서 샘물처럼 투명한 백포도주 잔을 넋을 놓은 채 들여다보고, 멀리서 트랙터들이 밭으로부터 돌아오고, 교회 종소리가 삼종기도를 알리는 동안 그 작업과 그 땅을, 인간들의 손길을 마시고 느끼는 것은… 마치《달과 불》을 다시 읽는 것과 같았다. 식사 후 열기에 짓눌린 남부지방의 마을을 산책하고 나니, 벌써《해변》을 다시 펼치고 싶은 기분이 들었다. 나는《아름다운 여름》의 티나가 되고 싶었다. 나도 수호성인 축제장을 돌아다니고, "장난처럼 훔친 시간이기 때문에" 더이상 잠을 자지 않고 싶었다. 그녀처럼 해가 뜨고 있고 축제가 정말로 끝났기 때문에 울고 싶었다. 나는 더이상 파베세를 이해하기 위해 그의 책을 읽지 않았다. 거기서 살고 싶었다. 아스티의 언덕에서 와인을 마시고 싶었다. 그것으로 만족하고 싶었다.《피곤한 노동》의 두 번째 시 제목인 '조상들'처럼 되고 싶었다. "나는 동료들을 만남으로써 땅을, 미래를 생각하며 일하지 않아도 되는 특권이 있는 나쁜 땅을 발견했다. 일만으로는 나에게도 내 가족에게도 충분하지 않다. 우리는 일로 우리 자신을 죽이는 법을 알고 있다. 하지만 내 아버지들의 가장 아름다운 꿈은 늘 아무것도 하지 않고 사는 것이었다. 우리는 여자들 없이 뒷짐 지고 언덕을 마음 내키는 대로 돌아다니기 위해 태어났다."

1986년, 아니 에르노Annie Ernaux는 〈로망 20~50〉이라는 잡지에 기고한 짧은 글에서 파베세의 "투명한" 글에 대한 그녀의 감탄을 공유했다. 판단 없이 느낌을 담은 글이었다. 그녀는 이렇게 썼다. "파베세를 읽는 것은 여름에 카페 테라스에 앉아 있는 것과 같다. 자동차들이 잇달아 지나가고, 멀리서 여자들의 피부가 반짝이고, 내가 언제부터 거기에 있었는지, 왜 있었는지 더는 알 수가 없다. (…) 다른 어떤 곳에서도 그런 이상한 느낌을 경험한 적이 없다. 그것이 아닌 다른 것이 될 수 없고 심지어 그것이 다른 것이기를 바랄 수도 없는, 그런 현실에 사로잡힌 느낌 말이다." 파베세에게는 삶 자체가 결정적일 수 없기 때문에 아무것도 결정적이지 않다. 현실에 대한 이런 글쓰기, 정신의 상태에 대한 이런 사실주의는 그의 소설들에 즉각적인 근접성, 그리고 유행이나 시대에 대한 완전한 무관심을 부여했다. 그래서 우리는 거기서 만나게 되었다.

*

그리하여 어느 날 아침 우리는 파베세의 단편소설을 흉내 내 바다에 가기로 했다. 검은 피부의 여자는 수영을 잘했다. 여름이든 겨울이든 수영복을 동그랗게 말아 가방 안에 넣고 다녔다. 바다가 멀리 있는 토리노에까지 수영복을 가져왔다. "나는 물고기야." 그녀는 이렇게 말하곤 했다. 그리고 대부분의 경우 그녀가 그걸 꺼낼 일이 없더라도, 수영복은 그 자리에서 그녀를 안심시켜 주었다. 그것은 지갑이나 포켓판 책처럼 그녀와 동행했다. 그것은 산발성 천식 환자의 벤톨린[23]과 같았다. 바다가 아니라 산을 향해 길들이 열려 있는 토리노를 그녀가 그토록 사랑한다는 사실에 나는 놀랐다. 그녀는 바다가 없는 도시에 다시 가는 희생을 감수할 준비가 되어 있었다. 누가 알겠는가? 어느 해 여름, 그녀는 파베세가 친구들과 함께 상고네 강 하구까지 표류했던 것처럼 포 강에서 미역을 감을 것이다.

단편소설 《8월의 휴가》에서 화자와 그의 친구 고스토는 성 요한 축일 날 밤 남몰래 계곡을 떠나 처음으로 바다를 보러 가기로 한다. 고스토는 예전에 그의 할아버지가 그런 일을 했다고 주장한다. "천천히 걸으면 언덕들 너머에 바다가 있어." 두 청년은 술에 취해 흥분한 채 마을을 나선다. 파티와 불길을 떠난다. 그리고 포도밭과 들판을 가로질러 지방도로를 따라 헛된 방황을 시작한다. 마을 사람들은 그들이 길을 잃었거나 강에서 익사한 것으로 생각한다. 다음 날, 8월의 태양이 그들을 녹초가 되게 한다. 그들은 목마르고 배고프다. 고

---

23) 천식 증상이 있을 때 빠르게 기도를 확장시키는 약제.

스토는 발길을 돌리지만 화자는 계속 간다. 바다는 약속이다. 그는 음악가인 사촌에게 붙잡혀 파티장으로 좌초한다. 여자들이 그에게 먹을 것을 주고, 그는 기진맥진한 채 침대로 옮겨진다. 그는 바다를 보지 못했을 것이다. 아무래도 상관없다. 바다가 존재한다는 것만으로 충분하다. 바다가 어딘가에, 저 길 끝에 있다는 것만으로, 그리고 그를 기다리고 있다는 것만으로 충분하다.

프랑스에서는 산에 간다고 말하듯이 바다에 간다고 말하지 않지만, 이탈리아 사람들은 그렇게 말한다. 나는 그것이 마음에 들었다. 바다에 가는 것은 해변 휴양지에 있는 '바다'라고만 적힌 표지판만큼이나 감동적이었다.

우리는 리구리아 해안으로 가는 지역 열차를 탔다. 비가 내렸다. 아직 겨울이었으며, 습하고 안개 낀 아침이었다. 젖은 이탈리아 아스팔트가 우리의 발밑에 들러붙었다. 평일인데 이상하게도 기차가 만원이었다. 앉아

서 공상에 잠길 빈자리가 하나도 없었다. 또한 나는 기차 안에 여자아이들과 남자아이들, 분명히 말해서 고등학생들만 있는 것을 보고 놀랐다. 그 아이들은 객차 안에서 서로 눈길을 주고받으며 재잘거렸다. 아니면 입 다물고 가만히 있거나 휴대전화에 심취해 영상들의 세계에 빠져들었다. 그 여행은 재미있기도 하고 고생스럽기도 했다. 그 아이들은 쾌활했다. 생각에 잠기거나 대화할 기회를 기다리던 우리는 더이상 말을 하지 않았다. 내 등 뒤에서는 주말에 했던 축구 경기를 다시 보고 있었다. 여자아이 두 명이 계단에서 서로에게 몸을 바싹 붙인 채 껌을 씹으며 이어폰 하나로 노래를 듣고 있었다. 그 아이들은 지중해의 과장된 분위기를 첫 추위부터 확실히 드러내듯 합성 소재의 패딩 재킷으로 몸을 감싼 모습이었다. 우리가 도착했을 때, 역 구내식당은 이미 고등학생들에게 점령되어 있었다. 그들은 플라스틱 의자를 차지하고는 웨이터가 깜짝 놀라서 바라보는 사이 카운터로 밀려들었다. 우리는 청소년들의 이런 쇄도를 설명하지 못한다. 나는 이렇게 많은 아이들이 한자리에 모이는 걸 보니 분명 이 지역에 대규모 시설이 있을 거라고 생각했다. 우리가 사춘기의 왕국 안으로 들어가지 않는 한, 그 유명한 도시에서는 어린아이가 왕자였다. 그리고 그들에게 우리는 영원히 낯선 사람이라는 걸 깨달았다. 우리는 성숙을 완수했다. 더이상 무리를 지어 다닐 필요가 없었다. 우리는 더이상 다른 사람들에게 아무것도 기대하지 않았다. 1938년 11월 24일, 파베세는 이렇게 썼다. "사람들은 젊음이 희망의 나이라고 말한다. 왜냐하면 우리 자신에게 그러듯이 다른 사람에게도 막연하게 무언가를 기대하기 때문이다. 그런데 다른 사람이 정확히 다른 사람인지 알지 못한다. 자기 자신과 다른 사람을 구별하게 되는 순간, 즉 더이상 다른 사람과 함께할 필요가 없을 때, 우리는 더이상 젊지 않은 것이다." 그해 가을, 파베세는 막 서른 살이 되었다.

하늘이 개었다. 우리의 머리 위로 갈매기 우는 소리가 들리고 갈매기들이 길게 활공하는 모습이 보였다.

바다는 그리 멀지 않은 곳에, 도로 끝 건물들 뒤에 있었다. 해가 다시 난 것은 선글라스를 꺼낼 완벽한 구실이었다. 고등학생들은 신호를 기다리지 않고 각자 웨이페어러 선글라스를 꺼냈다. 우리는 마치 시체 위를 걷듯 그 해수욕장을 걸어갔다. 그곳은 비어 있었고, 주민들에게 급히 버림받은 도시의 절망스러운 모습을 보여주었다. 청소년들 무리가 근처의 거리로 흩어졌다. 우리는 그들과 거리를 두었다. 다른 거리로 가니 더이상 시끄러운 소리가 들리지 않았다. 우리는 좀 더 멀리, 항해사의 이름이 붙은 산책로에서 수평선을 알아보았다. 여름 별장들, 덧문이 닫힌 빌라들, 휴가용 주택, 문을 닫은 피자 가게와 아이스크림 가게들이 있었다. 후배지後背地에 박혀 있던, 단편소설 속 두 청년이 결코 발견하지 못한 새로운 세상이 마침내 열렸다. 넓은 산책로, 옷가게 몇 개, 감자튀김 가게, 해수욕장 시설물들이 있었다. 덱체어와 파라솔들은 오래전부터 접혀 사슬에 묶인 채 폭풍우를 피하기 위해 차양 아래에 보관되어 있었다. 모래가 거리까지 스며들었다. 조금 더 멀리에는, 유일하게 영업 중인 네온 불빛이 밝혀진 제과점으로 모여드는 고등학생들이 보였다. 어떤 학생들은 해변 쪽으로 음료병들을 나르고 있었다. 검은 피부의 여자가 내 손을 놓았다. 또 다른 긴급함과 더 확실한 위안이 있었다. 곧 바다가 우리의 발치에 닿았다. 태양이 망설이며 회색 베일을 뚫고 나왔다. 그것은 우리의 마음을 따뜻하게 덥혀주었고, 비가 내린 후의 따뜻한 증기를 아스팔트 위로 가져다주었다.

겨울에는 용감하지 않으면 바다에 다다른 뒤 할 일이 없다. 지난여름을 그리워하고 다음 여름을 기대하며 바다를 바라보게 된다. 그렇게 비수기에는 더이상 없는 것에 대한 후회와 앞으로 있을 것에 대한 기대 속에 해안 지대의 달콤한 우울함이 밀려온다. 우리는 맨발로 모래사장을 몇 걸음 걸었다. 그곳은 그다지 아름답지 않았지만, 우리는 바다에 한 번도 침을 뱉지 않았다. 해안으로 나뭇조각들을 운반하며 흐릿하게 움직이는 바다는 보기 흉했지만, 그럼에도 불구하고 다른 모든 것을 떠올리게 했다.

*

 우리는 신들의 이름이 붙은 해변 클럽들을 지나 어느 광장 뒤에 숨겨진, 골조만 남은 등나무 아래에 있는 작은 주택가에서 해산물 레스토랑을 발견했다. 식당 입구 가판대의 스티로폼 상자 안에서 밤새 잡은 생선들이 여전히 움직이고 있었다. 식당 안 벽들은 남는 공간 없이 장식되어 있었다. 화장실에도 수백 개의 포스터, 그림, 스포츠 사진—자동차 경주, 사이클 챔피언, 축구팀 등—이 붙어 있고, 인접한 두 개의 홀에는 오래된 판화, 팝 가수에서 저명한 작가까지 지역 유명인들의 흑백 사진과 그림들이 걸려 있어서, 마치 군중의 침묵 속에서 점심식사를 하는 듯한 기이한 느낌을 주었다. 웨이터들은 피곤해 보였고 거드름을 피웠다. 그들은 불쾌하게 굴진 않았지만, 거만한 태도로 농담을 했다. 우리는 그들 중 한 명에게서 이야기를 끌어냈다. 그의 설명으로는 고등학생들이 대입 자격시험이 100일 남은 것을 축하하러 온 거라고 했다. 그건 전통이었다. 첫 시험을 치르기 100일 전, 그들은 학교를 빼먹고 도시를 떠나 바다에 가서 식전주를 마셨다.

식사는 오래 이어졌다. 곧 그 단골손님 위주의 식당에는 마지막 손님인 우리만 남게 되었다. 웨이터 한 명이 저녁 영업을 위해 테이블을 차리고 있었다. 요리사는 주방에서 목을 길게 빼고 밖을 내다보았다. 점심 영업이 끝나자 직원들이 마침내 점잔 빼는 태도를 버리고, 자신들의 위치를 버리고 다른 사람들처럼 되는 모습이 마음에 들었다. 주위가 조용해서 냉장고 모터 돌아가는 소리마저 들릴 정도였다. 이제 여기서 할 일이 아무것도 없었다. 우리는 바다를 보았고, 해산물을 먹었고, 아이들이 즐거운 활동을 하도록 내버려두었다.

우리는 텅 빈 기차를 타고 토리노로 돌아왔다. 대학생 두어 명이 반대편 좌석에 다리를 뻗고 앉아 졸고 있었다. 귀중한 재산이라도 되는 양 배낭을 두 팔로 꼭 안은 채. 제노바에서 기차가 산속으로 들어가기 직전, 우리는 마지막으로 바다를 보았다. 여객선과 화물선으로 가득 찬 바다는 마치 거대한 상업 지구처럼 보였다. 바로 이런 이유로 반드시 바다에 가보지 않아도 바다를 상상하는 일이 아름다운 것이다. 나는 파베세의 단편소설 속, 바다를 한 번도 본 적 없는 소년을 생각했다. 그는 이렇게 말했다. "저는 항상 바다를 물 뒤로 보이는 청명한 하늘로 상상해왔어요."

그의 꿈속에서 바다는 더 아름다웠다.

언덕 위의 집

그것은 막심 르 포레스티에의 노러 속 집 같았다. 그 집은 파란색이 아니었다. 그들은 파란색 집을 본 적이 없었다. 하지만 언덕을 등지고 있었고, 사람들이 문을 두드리지도 않았다.[24] 그 집은 잠겨 있었다. 갈색 덧문들도 닫혀 있었고, 창틀 몇 개는 풍화되거나 심지어 부서져 있었으며, 담쟁이덩굴이 문짝에서 갈라진 벽 쪽으로 뻗어 있었다. 집은 그다지 매력이 없었다. 크림색 건

---

24) 프랑스의 싱어송라이터인 막심 르 포레스티에Max.me Le Forestier의 노래 중 〈샌프란시스코〉라는 노래가 있는데, 가사가 "언덕을 등지고 있는 파란 집"으로 시작한다. 르 포레스티에는 젊은 시절 샌프란시스코의 히피 공동체에서 살았는데, 〈샌프란시스코〉는 그 시절의 하우스메이트와 히피 친구들에 대한 애정을 담아 만든 노래이다.

물이었고, 폐쇄된 창문이 다섯 개 있었으며, 위층에는 작은 발코니가 있었다. 층계참이 있는 계단을 통해 현관문에 접근할 수 있다. 녹슨 초록색 현관문 너머로 잡초가 무성하게 자란, 관리되지 않은 정원이 보였다. 월계수 나무가 건물 정면에 기대어 휘어져 있었다. 빌라 마리오Villa Mario, 이것이 기둥에 부조로 새겨진 그 집의 이름이었다. 그 집은 인적이 드문 지방도로와 들판을 바라보고 있었다. 조금 더 내려가자 길이 급커브로 휘어졌다. 파란색 표지판 하나가 토리노를 가리키고 있었다. 다른 하나는 세랄룽가 디 크레아 마을과 그 위쪽의 성소를 가리켰다. 빌라는 아무것도 없는 허허벌판을 지나가는 도로 중간쯤의 언덕 측면에 위치해 있었다. 그것을 보자 무관심이 자아내는 슬픔과 버려진 장소에 대한 애상哀想으로 마음이 갈라지는 것이 느껴졌다. 우리는 끝나지 않을 것 같은 오후에 그곳에 다다랐다. 태양이 골짜기들을 버리고 벌판에 머무르며 언덕들의 입술을 핥았다. 곧 종이 울려 삼종기도 시간을 알릴 터였다. 농가의 마당에서 개들이 짖었다. 갑자기 어둠이 내릴 것이 분명했다. 정원에 널린 빨래를 걷어야 할 것이다.

파베세의 누나 마리아는 1943년 폭격을 피해 세랄룽가의 집에서 피난처를 찾았다. 천식 때문에 의가사 제대한 파베세도 곧 그곳에 가서 그녀와 합류했다. 그는 멀지 않은 카살레 몬페라토의 트레비시오 고등학교에서 가명으로 학생들을 가르쳤다. 그곳에 방 하나를 빌렸다. 혹은 자전거를 타고 세랄룽가에서 통근했다. 전쟁은 계속되었다. 파시스트 공화국이 무너졌고 이탈리아는 항복했지만, 독일군은 시칠리아와 살레르노에 상륙한 연합군에게 위협을 받으면서도 버텼다. 그 전쟁은 대량 폭격, 레지스탕스 유격대의 매복 공격, 무의미한 보복 등 시대의 종말이라는 잔인함으로 얼룩졌다. 젊은이들이 항독운동에 가담하고 언덕들에서 전쟁이 벌어지는 동안, 파베세는 그 영웅적인 시간을 피해 일과 명상으로 도피했다. 그는 세랄룽가의 불안정한 평화 속에 은둔해서 살았다. 《삶의 기술》은 이때의 사건에 대해 언급하지 않고 있다. 이 책은 전쟁이 없는 일기다. 파베세는 시대에서 벗어난 것처럼 느껴진다. 이 작품은 독서 노트와 삶에 대한 성찰들, 어린 시절로의 복귀, 신화의 구축으로 구성된다. 《포도나무》에는 이렇게 적혀 있다. "우리는 모든 장소 가운데 선택된 장소를 세상에서 고립시키면서 그 장소에 절대적 의미를 부여한다. 그렇게 성소들이 탄생했다. 이렇게 해서 각자의 어린 시절 장소들이 기억 속으로 되살아난다. 그 장소들에서 그들을 특별하게 만드는 일들이 일어났고, 그곳들은 이 신화적인 인장印章을 통해 그들을 세상과 구별한다."

파베세는 영감을 받은 언덕처럼 보이는 신성한 산 크레아의 텅 빈 교회들에서, 조각상들의 고요함에서, 스테인드글라스의 신비에서 위안을 찾았다. 어느 날 그는 갑자기 사로잡혔다가 버려지는 종교적 감정에 사로잡혔다. 산책이 그를 저 위의 수도원으로 이끌었다. 예배당들이 예수 수난 십자가처럼 산 곳곳에 흩어져 있는 산속의 기이한 수도원이었다. 그의 편지에는 그가 그곳에서 사제를 만났다는 암시가 담겨 있었다. 1944년 1월 29일, 그는 일기에 이렇게 털어놓았다. "우리는 겸허하게 은총을 구하고, 하느님 왕국의 깊은 달콤함을 발견한다. 우리는 우리가 무엇을 요구했는지 거의 잊어버린다. 우리는 항상 신성의 이러한 용솟음만을 알고 싶어한다. 바로 이것이 의심의 여지 없이 내가 신앙에 다다르는 길이며 내가 충실해지는 방식이다. 모든 것에 대한 포기, 사랑의 바다에서의 난파, 이러한 가능성의 서광에 대한 거부이다. 아마도 여기서는 이것이 전부일 것이다. '그것이 사실이었다면!' 하는 설렘 속에서. 정말이지 그것이 사실이기만 했다면…."

1944년은 신을 찾는 종교적 의문이 큰 비중을 차지한 해였다. 파베세는 이때 신앙을 찾았거나 적어도 신앙의 정체를 파악했던 것 같다. 그는 선, 즉 "현재의 왕국인 활동"과 악, 즉 "과거의 후회"를 구별한다(1944년 8월 26일). 마치 리지외의 성녀 테레사가 "으늘 하루만"이라고 했던 말을 되뇌듯 말이다. 1945년 2월 9일, 그는 지난해를 다음과 같이 결산했다. "기이하고 풍요로운 한 해였다. 신으로 시작해서 신으로 끝났고, 원시와 야만에 대한 부단한 명상으로 주목할 만한 창작물들이 탄생했다. 지난해는 네가 경험한 가장 중요한 한 해가 될 수도 있다. 네가 하느님 안에서 끈기 있게 노력한다면 확실하다. 하나님은 기술적 대격변, 즉 오랜 세월 동안 통찰력으로 준비한 상징을 의미한다는 사실을 잊지 말아야 한다."

전쟁을 피하고 도시에서, 그곳의 열정과 "무한한 공포"에서 멀어진 파베세는 한동안 수도원 생활을 기꺼워했고, 하루하루 비슷한 위안의 나날을 보냈다. 그는 일과 자기 자신으로의 회귀에 의해 지배되는, 정해진 시간이 있는 존재였다. 그는 자신이 신화라고 부른 것을 완전하게 정의하면서 2월 3일 이렇게 인정한다. "너의 인격이 존재하는 곳은 귀족적이고 겸손하며, 봄과 여름이 있고, 고요하고, 신중하고 광대한, 너의 시가 만들어진 토리노의 대로이다. 소재는 여러 곳에서 왔지만 그것들이 형태를 찾은 곳은 그곳이다. 그 대로, 그리고 그 대로

변의 비스트로는 너의 방이었고, 모든 것이 바라다보이는 너의 창문이었다."

작가의 진짜 전쟁 일기를 찾는다면 《언덕 위의 집》을 읽어야 한다. 1948년 가을에 출판된 이 책은 그의 세랄룽가 시절에서 영감을 받은 장편소설로, 전쟁 중 언덕에서 피난처를 찾은 코라도 교수의 이야기이다. 그는 거리를 둔 채 멀리서 무관심하게 싸움을 지켜본다. 라디오 뉴스와 저녁이 되면 나오는 연설과 의견들은 다른 사람들이 숨 가쁘게 경청하도록 맡긴다. 경보가 울려도 그는 개와 함께 숲속을 산책한다. "나는 생각했다. 나무 사이에 이렇게 하늘이 보이는데 전쟁이 무슨 상관이야? 피가 무슨 상관이야?" 코라도는 정치 토론을 교묘하게 피하는 대단한 냉소주의자이자 흥을 깨는 사람이다. 그는 다른 사람들을 비웃는다. 그는 규칙을 위반한다. 친구들이 흥분해서 토리노로 싸우러 간다고 말했을 때, 그는 이렇게 대꾸한다. "자네들 술 한잔 하러 가는구먼." 냉정함과 애정 결핍이 코라도로 하여금 자주 만나는 여성인 케이트와 엘비라에게 애착을 느끼지 못하게 한다. 그는 다른 사람들의 애정에 자신의 병적인 고독을 대비시키며 그들의 매우 작은 열정에조차 브레이크를 건다. 어느 날 저녁, 그녀들 중 한 명이 울면서 중얼거린다. "그 사람이 조금만 애정을 베풀어줘도 충분할 텐데."

파베세는 투쟁에 완벽하게 반대하는 개론을 막 작성한 참이었다. 철회에 대한 사과, 포기에 대한 짧은 논문. 나는 스무 살 청년에게 《언덕 위의 집》을 읽게 해서는 안 된다고 생각했다. 청년은 분노할 것이다. 전투적인 태도가, 맞서 싸우는 투쟁과 얻어내기 위한 싸움이 주를 이루던 시대에 파베세는 냉정함을 유지했다. 그는 파이프 담배를 피우며 개와 함께 언덕을 산책했다. 투사의 어리석음, 세상에 존재하는 그의 절대적인 방식, 그의 위대하고 결정적이고 대단한 설교, 그의 불모성, 그리고 그가 잃어버리는 시간의 위험을 파베세는 이미 간파했다. 그 책은 파베세의 자서전이었다. 시간이 흐르면서 그것은 전쟁에 관한 훌륭한 소설이 되었다. 전

투가 아닌 도피에 관한 소설. 또 다른 피에몬테 출신 작가이자 레지스탕스 운동에 참여한 베페 페놀리오Beppe Fenoglio는 이탈리아 독자들에게 인기가 더 많았다. 맥락에서 벗어나 나는 이 책에서 오늘날 내 안에 도사리고 있던 세상에 대한 존재 방식을 느꼈다. 물러나고 싶은 유혹, 도발, 운명론, 무미건조함, 낙담, 일종의 영적 황폐함, 그리고 어떤 허무주의. 나는 사건들이 두려웠다. 그 사건들로부터 도망치고 있었다. 무슨 일이 닥쳐온다면 나는 숨고 싶었다. 선거가 있는 일요일이면, 나는 허허벌판을 한가로이 거닐며 새들이 노래하는 소리를 듣곤 했다. 그런 날은 피크닉을 하는 날이었다. 대중적인 어떤 열광을 선택해야 한다면, 나는 시위보다는 축구 경기장이 더 좋다. 나는 위험에서 멀어지기 위해 이곳저곳을 방랑하고 있었다. 나는 평범한 삶을 원했다.

그리고 전쟁이 코라도를 찾아낸다. 전쟁은 그의 무관심을 호되게 몰아붙이며 그를 굴 밖으로 몰아낸다. 죽은 사람들의 모습, 마치 사냥철처럼 언덕에서 벌어지는 충격, 체포되는 지인들…. 코라도는 도망쳤다. 그는 내전 특유의 두려움, 피로, 배고픔, 편집증을 알고 있다. 파베세는 이렇게 썼다. "나는 숨바꼭질 놀이를 하다가 덤불 속에 들어간 뒤 기분이 좋아져서 나뭇잎 사이로 하늘을 바라보다가 밖으로 나오는 것을 잊어버린 아이처럼, 단순하고 긴 고립 속에서 헛된 휴가를 보내듯 살았다는 걸 깨달았다." 어린 시절 숨바꼭질 놀이를 하면서 이런 느낌을 경험해보지 않은 사람이 있겠는가? 침묵, 고립, 다른 사람과 거리를 두고 싶은 유혹. 격리가 가져다주는 위안. 벽장 안의 위로와 바깥이 주는 두려움.《언덕 위의 집》은 코라도가 집으로 돌아가 각성하는 것으로 끝난다. 당연한 말이 나온다. "이 전쟁은 우리의 집을 불태운다. 전쟁은 광장과 도로들을 총에 맞은 시체들로 가득 채운다. 전쟁은 토끼를 쫓듯 우리를 한 은신처에서 다른 은신처로 몰아댄다. 결국 전쟁은 우리에게서 적극적인 동의를 끌어내기 위해 우리도 싸우지 않을 수 없게 만들 것이다. 아무도 전쟁 바깥에 머물 수 없는 날이 올 것이다. 겁쟁이라도, 침울한 사람이라도, 외로운 사람이라도 말이다."

어느 날 고등학교에서 자전거를 타고 세랄룽가로 돌아가던 중, 파베세는 막 완료된 유격대원들의 매복 공격의 잔해를 맞닥뜨렸다. 젊은 파시스트 수십 명이 길바닥에, 총격을 받아 벌집처럼 구멍이 난 트럭 발치에 쓰러져 있었다. 아직 따뜻했던 그 시체들의 모습이 그의 뇌리에서 떠나지 않았다. 동족상잔의 전쟁이었으며, 적은 이웃일 수도, 예전의 급우일 수도 있었다. 코라도에게는 파베세와 비슷한 점이 많았다. 그 남자는 도망 다니다가 마침내 전쟁에 다시 붙잡힌 사람이었다. 해방을 맞아 토리노로 돌아왔을 때 파베세는 자책감에 사로잡혔다. 그는 축제를 함께하지 않았다. 다시 혼자 숨어 살았다. 몇몇 친구들이 체포되어 영웅적인 죽음을 맞이했다는 소식을 그는 들었다. 그의 옛 제자 중 한 명인 가스파레 파예타Gaspare Pajetta가 전투 중에 사망했다. 그보다 전인 1944년에 그는 고등학교 친구인 레오네 긴츠부르그Leone Ginzburg가 로마의 레지나 코엘리 감옥에서 나치에게 고문을 당하고 살해되었음을 알게 되었다. 파베세는 그의 실종 소식을 듣고 1944년

3월 3일의 일기에 다음과 같이 썼다. "다른 사람들이 우리를 위해 존재하는가? 내 기분이 나쁘지 않도록, 그게 아니면 좋겠다. 나는 항상 그것에 대해 막연하게 생각하면서 안개 속처럼 살고 있다. 우리는 결국 그런 상태에 익숙해지고, 진짜 고통을 매번 내일로 미루게 된다. 그런 식으로 잊어버리고 고통을 겪지 않는다." 그는 다른 사람들의 운명을 공유하거나 그들과 함께 울거나 기뻐할 수 없을 것 같았다. 영광스러운 해방의 시절에, 그의 친구들은 레지스탕스의 깃발, 제복, 훈장들을 자랑스럽게 여겼다. 파베세는 재킷, 파이프, 그리고 모자만 갖고 있었다. 전쟁이 끝나고 그는 토리노 공산당에 가입했다. 순교한 그의 제자인 가스파레 파예타의 이름을 딴 지부였다. 이 상징적인 행동은 속죄의 시도와 비슷했다.

나는 《언덕 위의 집》을 파베세의 가장 아름다운 책 중 하나로 여긴다. 그는 흔들리는 무관심, 부인, 물러나고 싶은 유혹, 후회의 시간, 스스로를 향한 쓸쓸한 원망에 대해 이야기했다. "나는 거기에 없었다"는, 속죄로

인해 부서진 독립의 느낌.

    파베세는 비겁함의 경험에 대해 이야기했다. 물러나는 것은 어느 시점에서 비겁함이 되고, 부인이 되는가? 그는 희생의 잔을 마시지 못했다. 그는 쓰러지지 않았다. 그는 부인했다. 파베세는 베드로였다. 그는 그걸 알고 있었고, 그 책의 제목을 우연히 선택한 것이 아니었다. 그 책의 제목을 '그날 전에'로 할까 하는 생각도 했지만, 결국 《감옥》과 《언덕 위의 집》 두 작품을 묶어 《닭이 울기 전에》라는 한 권의 책으로 냈다.

*

    세랄룽가의 집은 철거되지 않았다. 도시는 거기까지 기어오른 적이 없었다. 하지만 도시의 상태는 꽤나 좋지 않아 보였다. 상속자들은 더이상 빌라 마리오에서 휴가를 보내지 않는 것이 분명했다. 심지어 일요일에도 도시는 침묵 속에서 가슴 아파했다. 잠깐 둘러보고 다시 떠날 때, 검은 피부의 여자는 그녀가 태어났을 때 조부모님이 집 정원에 나무 한 그루를 심었다고 말했다. 그녀는 그 나무가 자라는 것을 보았다. 그 나무는 그녀의 것이었고, 그녀는 매년 여름 그 나무로 돌아갔다. 어느 날 그 집이 팔렸다. 그 나무는 그녀 없이 자랐다. 이제는 다른 사람들이 살고 있는 그 집 앞을 지나가면서, 그녀는 정원 관리가 엉망인 것을 알게 되었다. 아마도 그녀의 나무는 베어졌거나 잡초에 둘러싸였을 것이다. 그녀는 자신이 보게 될 것에 대한 두려움 때문에 다시는 그곳에 가지 못했다. 그렇게 그녀의 나무는 어린 소녀의 추억 속에서만 살아남았다.

오늘은, 아무것도 없다

칼라브리아에 대해 나는 아무것도 알지 못했다. 나는 몇 가지 의심이 들었고, 그것들이 편견과 섞였다. 나는 마피아에 의해 황폐해진 지역, 시멘트 해안이 있고 거칠고 경계심 많은 사람들이 사는 황량한 마을들이 자리한 내륙 지역을 상상했다. 내가 본 것 중 몇 가지를 생각해보았다. 불법 쓰레기장, 도랑에 버려진 세탁기, 노변에 끝없이 놓인 가드레일, 공사가 중단된 건물의 골조, 지붕 없는 빌라들. 나는 발음하기 힘든 마피아의 이름과 내가 결코 가지 않을 도시들, 저널리스트 파리데 레포라체Paride Leporace에 의해 '코산젤레스'로 이름이 바뀐 코센차와 그곳에 관한 사회면 기사를 염두에 두었다. 카탄차로의 한 축구 선수가 코니스에서 살해된 추악한 이야기. 그 범죄는 교통사고로 위장되었다. 휴양지들은 일시적인 장소의 음울하고 인공적인 모습을 띤 채 계속 여름철의 관광거리를 제공했다. 좀 더 위쪽, 바실리카타와의 경계에 내 호기심을 자극하는 해수욕장인 노바 시리가 있었다. 그곳은 소외된 예술가들의 은신처였다. 변덕스러운 지방 행정 단체가 펠리니에게 경의를 표하기 위해 그곳 특정 도로들의 이름을 바꿔놓았다. 보체 델라 루나 가도, 아마르코드 가도, 줄리에타 델리 스피리티 가도… 끝. 칼라브리아는 세상의 끝이었다. 너무 매력이 없어서 결코 거기까지 가볼 수는 없었지만. 우리는 시칠리아나 풀리아로 갈 예정이었다. 칼라브리아는 절대 아니었다. 저가 항공편이 개통되면서 팔레르모나 바리가 인기 많은 관광지로 떠올랐다. 하지만 레지오 디 칼라브리아는 고립된 지역, 막다른 곳으로 남아 있었다. 특히 이탈리아에서 그 지역의 평판은 좋지 못했다. 칼라브리아 사람들은 북유럽으로 대거 이주했다. 토리노에는 일자리를 찾아 수천 명의 사람들이 여행 가방을 들고 중앙역으로 몰려들던 시절이 있었다. 그들은 피아트 제조 공장의 조립 라인을 채웠다. 고향을 떠나온 남쪽 지방 사람들은 일요일마다 포르타 팔라초의 시장 광장에 모였다. 그들은 서로 돕고 자신들의 고향을 기억했다.

어느 날 저녁, 보르고 포의 한 작은 식당에서 영업이 끝난 후 주인들이 거침없이 노래를 불렀다. 그리고 칼라브리아 출신 가수 리노 가에타노가 리메이크한 니콜라 디 바리의 노래 〈이를테면 나는 남쪽 지방을 좋아해〉를 여러 번 반복해서 울려 퍼지게 했다…. 그것은 검은 옷을 입은 여성들이 들판에서 돌아오는 남편을 기다리는 고장, 빵보다 물이 더 소중한 곳, 사람들이 포도와 포도주에 대해 이야기하는 고장을 기억하는 유형수의 노래였다. 토리노의 그 광장에서 사람들은 남부의 사막을 꿈꾸기 시작했다. 리노 가에타노의 떨리는 쉰 목소리가 언젠가 칼라브리아를 향해 길을 떠나 파베세가 감금되어 있던 브란칼레오네로 가라고 나를 설득하는 것 같았다. 그는 사랑에 빠져서, 위험할 수 있는 편지를 전달하는 역할을 맡았다. 공산주의 투사이자 '약혼녀' 티나 피자르도 앞으로 온 편지들을 맡아두었다. 1935년 5월, 경찰이 파베세의 집 문을 두드리고 그를 체포했다. 긴 심문과 구금 후에 그는 반체제 지식인들에게 주어지는 운명을 겪게 되었다. 그들은 먼 시골로 보내져 감금되었다. 거기에 유폐되어 오해받으며 살았다. 공동체 안에서는 자유롭게 오갈 수 있었지만 밖으로 나가는 것은 금지되었고, 지역 당국으로부터 감시를 받았다. 고문자는 아니지만 마을에서 가장 기회주의적이고 무식한 파시스트 행정장관이 종종 그 역할을 맡았다. 레오네와 나탈리아 긴츠부르그 부부는 3년간 아브루초에 보내졌고, 가장 유명한 예는 또 다른 토리노 출신 작가 카를로 레비였다. 카를로 레비는 그 경험을 바탕으로 《그리스도는 에볼리에 머물렀다》라는 소설을 썼다.

칼라브리아로 보내지기 전, 파베세는 몇 주간 토리

노의 감옥에 갇혔다. 그런 다음 로마로 옮겨져 레지나 코엘리 감옥에서 6월과 7월을 보냈다. 이 감옥은 도시 중심부의 자니콜로 언덕 기슭에 박혀 있었다. 감옥은 여전히 운영 중이고, 로마 출신 친구들은 언덕 위 특정한 곳에서 가족들이 수감자와 의사스통을 할 수 있다고 나에게 말해주었다. 지역 주민들은 때때로 그들이 내는 메아리를 들었다. 그것은 지지해주는 말 또는 사랑의 메시지였고, "당신을 기다리고 있어요"라는 말, 또는 바깥세상에서 전하는 삶의 평범한 소식이었다. "아아아아오오오, 내 말이 들려요? 마테오가 수학 시험에서 13점을 받았어요!" 파베세는 8월 2일 누나에게 보낸 다음의 메모를 끝으로 레지나 코엘리에서의 수감 생활을 마감했다. "나는 천식 증상이 있고, 그래서 죽고 싶은 지경이야."

그리하여 나는 어느 날 아침 기차를 타고 레지오 디 칼라브리아로 가서 파베세의 유형 여정을 되짚어보았다. 8월 초, 사람들이 해수욕을 하러 떠날 때, 그는 여행자들의 호기심 어린 시선을 받으며 로마와 나폴리 사람들로 무척 붐비는 기차역을 가로질러 걸어갔다. "수갑을 찬 채 여행 가방을 들고 이틀 동안 여행하는 건 굉장한 관광 사업이었어." 그는 빈정거리는 투로 누나에게 편지를 썼다. "우리 가문의 이름은 이제 돌이킬 수 없을 정도로 손상되었어." 심지어 기차역에서 그는 어떤 아이가 아버지에게 왜 저 사람이 찬 수갑에 전류를 흘려보내지 않느냐고 묻는 것도 들었다. 내가 브란칼레오네에 도착하기까지는 이틀이 걸리지 않았지만, 로마에서 칼라브리아의 동쪽 해안까지 내려가는 데는 새벽에 출발해서 반나절이 걸렸다. 나는 맑은 날을 예고하는 안개 낀 아침에 수도를 떠났다. 안개 속에서 길을 잃은 폐허와 수로들의 모습이 보이고, 마지막 교외를 지나 평원에 떠다니는 얼음 위로 햇살이 비치는 것이 보였다. 그런 다음에는 속도가 무척 빨라졌고, 우리는 나폴리에 도착하기 직전 헌병들이 우리의 신분증을 검사하는 바람에 선잠에서 깨어났다. 파베세는 그곳의 감옥에서 하룻밤을 보냈다. "살레르노에서, 지나가는 아이들에게 교

육적인 볼거리를 선보이기 위해 객차를 갈아탔다. 파에스툼에서는 날이 벌써 어두워졌고, 그리스 사원들을 보는 만족도 누리지 못했다. 사프리에서는 수확지에서 하룻밤을 묵었다." 반대로 나는 모짜렐라 평원을 지나, 파에스툼 부두 뒤의 데이지 초원에 있는 고대 유적의 폐허를 알아볼 수 있었다. 그러자 여행이 끝이 없을 것 같은 느낌이 들었다. 나는《대화재》에 나오는 마을인 마라테아 기슭을 지나갔다. 리우데자네이루의 예수상을 조악하게 본떠 만든 구세주 그리스도상이 위쪽에서 작은 만灣을 내려다보고 있었다. 레지오에 다다르기 전 마지막 구간에서는 걱정스러워졌다. 바다가 금속성의 색을 띠었고, 모든 것이 콘크리트에 덮인 듯 보였다. 시칠리아 해안이 손에 잡힐 듯한 거리에 있었지만, 철책이 쳐진 항구와 바다 괴물들, 그리고 쌓여 있는 컨테이너들 때문에 시야가 가려졌다. 페리 한 척이 정박해 있었다. 마지막 여행자들은 빌라 산 조반니에서 차를 버리고 배로 옮겨 탔다. 그 지방의 주도州都인 레지오에 내가 도착했을 때는 오후 2시였다. 떠돌이 개들이 기차역 광장에서 낮잠을 자고 있었다. 카탄차로 행 기차에 다시 오르기 전, 나는 고등학생들의 아지트이자 역의 새로운 구내식당인 맥도날드를 피해, 시대에 뒤떨어진 기계에서 시끄럽게 영수증을 찍어내는 식료품점으로 햄 샌드위치를 사러 갔다. 카탄차로 행 기차는 좌석이 약 50개 있는 객차 하나로 구성되어 있었으며, 공기가 탁하고 창문도 더러웠다. 해변을 따라 선로가 이어졌고, 선로 너머 바다 앞에 지어진 건물들이 거의 다 불법 건축물이라는 사실을 나중에 알게 되었다. 내 앞에서 한 남자가 서류 가방에 몸을 기대고 고개를 흔들며 졸고 있었다. 창문으로 가방을 들여보낸, 피부가 햇볕에 그을린 다른 두 남자가 칼라브리아 방언으로 이야기를 나누고 있었다. 한 시간을 더 간 후 기차는 어딘가의 플랫폼에 승객들을 흩어놓았고, 나는 목적지에 도착했다. "마리아에게, 나는 일요일 오후 4시에 브란칼레오네에 도착했어. 기차역 앞에 있는 사람들 모두가 수갑 찬 범인을 기다리고 있는 듯했지. 범인은 두 명의 헌병 사이에 끼어 시청을 향해 단호한 발걸음으로 내려갔어." 파베세는 환영 위원회의 환대를 받을 자격이 있었다. 그가 온 것은 일대 사건이자 호기심을 불러일으키는 일이었고, 그는 그곳 사람들의 친절에 인사로 답했다. 지금 나는 혼자다. 오후 3시, 빛에 눈이 부실 정도로 하얗게 빛나는 기차역 앞 광장에서, 벌써 덥고 먼지가 자욱한 가운데, 나는 칼라브리아 출신의 가이드를 기다렸다. 그 유명인사가 갇혀 있던 방의 열쇠를 갖고 있는 카르미네라는 사람이었다.

카르미네는 퀴퀴한 담배 냄새가 나는 자신의 사륜구동 자동차 안에서 그 방이 2000년대 초에 토니노라는 사람이 매입한, 근처 집의 1층에 있다고 나에게 설명해주었다. 집주인은 비용을 들여 건물을 복원하고 그 방을 대중에 공개했다. 카르미네는 그 건물이 있는 거리에서 반려견 미용실과 액세서리 가게를 운영했다. 그는 브란칼레오네의 지역 유산을 관리하는 협회 회원이었다. 이런 자격으로 방문객들에게 파베세의 방을 안내했다. 카르미네는 염려스러울 정도로 말랐지만 강철 같은 튼튼한 몸을 갖고 있었으며, 햇볕과 담배 때문에 얼굴이 검게 그을렸지만 온화하고 차분한 사람이었다. 그는 나의 내밀함을 지켜주고 싶은 듯, 나를 위해 방문을 열어준 뒤 안뜰로 나갔다. 나에게 묵념을 권했고, 예배당 안에서 기계적으로 그렇게 되듯 낮은 목소리로 말했다. 나는 그에게서 헌신을 느꼈고, 실제로 나중에 그것을 확인했다. 한 손을 청바지 주머니에 넣은 채 이야기하던 카르미네가 나에게 이렇게 말했다. "그의 침대를 정리하고 그가 디뎠던 바닥을 쓸 수 있다는 것이 행운이라는 걸 제가 깨닫지 못하고 있는 것 같아요…." 그는 유령을 돌보고 있었다. 그의 증조부모 시절 그의 고장에 7개월 동안 살았던 작가의 유령 말이다. 카르미네는 부재자의 집사가 되었다. 다른 사람들이 파베세의 작품을 관리하는 동안, 그는 파베세의 방을 관리했다. 카르미네를 보며 나는 텅 빈 교회를 꾸준히 지키며 꽃의 물을 갈아주고, 봉헌물을 거두고, 촛불을 끄는 성구 관리자들을 떠올렸다. 오랜 침묵 후, 카르미네는 앞으로 나아가 팔 안쪽으로 가구의 먼지를 쓸어냈다. 그리고 나서 걱정스러운 눈길로 방 안을 둘러보았다.

그 방은 원래 모습 그대로 다시 꾸며졌다. 테라코타 바닥만 실제로 그 당시의 것이었다. 벽도 새로 칠했는데, 그 흰색이 간소한 가구들과 어울리지 않았다. 정신병동이나 군 병원에서 가져온 듯한 철제 프레임의 싱글 침대, 다리가 달린 받침대 위에 놓인 구리 대야, 의자 두 개가 딸린 벚나무 책상, 그리고 소품 보관용 함이 있었다. 더운 지역의 건물 1층이 흔히 그렇듯 하나뿐인 창문에는 쇠창살이 달려 있었지만, 파베세는 철로 뒤로 보이는 바다를 감옥의 네 번째 벽으로 여겼다. 그곳에 도착하고 15일 후, 파베세는 친구 마리오 스투라니[25]에게 편지를 썼다. "내 방에서는 안뜰이 내다보이고, 그다음에는 철로가 보이고, 그다음에는 바다가 보여. 하루에 대여섯 번 (그리고 밤에) 나는 지나가는 기차에 대한 향수가 내 안에서 다시 솟아오르는 걸 느끼지. 반면 지평선 위

---

25) Mario Sturani(1906~1978), 이탈리아의 화가·도예가·삽화가.

의 증기는 아무렇지도 않고, 바다 위의 달은 그 밝은 색이 오로지 생선튀김 생각만 나게 해. 할 일이 아무것도 없어. 바다가 너무나 지겨울 뿐이야."

나는 1982년에 발행된 어느 팸플릿 기사에서, 그의 유형 시절 동안 그와 접촉했던 몇몇 원로들의 증언을 발견했다. 그들은 토리노에서 온 그 보행자, 과묵하고, 따분하고, 친절하지만 지루했던 남자에 대해 이야기했다. 그는 말수가 적고 파이프 담배를 피웠다. 그 기사를 쓴 기자는 마지막 증인들을 인터뷰했다. 그들은 자기들이 그의 유형 생활을 덜 힘들게 해주려고 할 수 있는 일을 다 했다고 말했다. 그들은 그를 산책에 데려가고, 저녁 식사와 무도회에 초대했다. 하지만 그는 계속 침울하고 우울했으며 소외감을 느꼈다. 몹시 비관적이었다.

그가 유형지에서 쓴 첫 편지들은 실질적인 문제를 해결하기 위한 것이었다. 파베세는 누나에게 편지를 썼다. 솔이 달린 안전 면도기, 수영복과 수영모, 돈, 책을 보내달라고 했다. 그 책들의 목록이 내 호기심을 자극했다. 셰익스피어 비극, 앙드레 셰니에André Chénier의 《시집》, 라틴어 사전, 라블레의 책들, 심지어 밀턴의 시집도 있었다. 파베세는 일에 복귀하고 시집 《피곤한 노동》의 출판을 멀리서 지켜보기로 했다. 가끔 그는 건강을 해칠까 두려워 중심가에 있는 로마 호텔에 가서 점심을 먹곤 했다. 나중에 카르미네가 나에게 최근 문을 닫은 한 식당을 가리켜 보였다. 파베세는 그 식당의 따뜻하고 푸짐한 식사로 기운을 회복했다. 그는 요리를 할 줄 몰랐기 때문에, 평생 외식을 하거나 다른 사람들과 식사를 나누는 등 의존적인 청소년처럼 살았다. 브란칼레오네에서는 지역 젊은이들과 자주 어울렸다. 이것을 증명하는 사진이 있는데, 그 사진 속에서 파베세는 그에게 호감을 가진 듯한 유쾌한 청년들 무리에 둘러싸여 있다. 그는 한쪽 팔에 비옷을 들고 모자를 쓰고 있다. 그는 우편물을 우체국에 가서 부쳐주고 방에 침입하는 풍뎅이를 치워주는 소년들에게 용돈을 주었다. 마을의 학생들에게 강의를 했고, "거의 아름다운" 한 소녀에게 반했다. 그 고장 사람들은 가난하지만 행복했다. 그들은 해변에 가고, 카드놀이를 하고, 밖에서 시간을 보냈다. 브란칼레오네는 그가 상상했던 칼라브리아와 확연히 대조되었다. 그곳은 상냥한 사람들의 마을이었고, 세상을 향해 열려 있었으며, 난처한 형편의 방문객에게 관심을 보였다. 그 마을 사람들은 카를로 레비가 그의 책에서 묘사한 것과 같은 에볼리 사람들의 불편한 호기심도 의심스러운 눈길도 보이지 않았다. 파베세는 자신이 그토록 위협적이지 않은 곳으로 보내졌다는 사실에 놀라기까지 했다. 파시스트는 자기들이 통치하는 고장이 어떤 곳인지 전혀 몰랐을까?

브란칼레오네에서의 유형 생활은 서신 교환이나 《감옥》을 집필하는 데 영감을 불어넣었다는 점에서만 중요한 것이 아니었다. "스테파노는 희미한 미소를 지으며, 수감자들의 피가 쇠창살에 그토록 간절히 박히는데 하늘의, 인간의 얼굴의, 올리브나무들 사이로 사라지는 길의 무엇이 그렇게 중요할까 하고 자문했다." 그곳, 그 투박한 방에서 평범한 사람들에게 둘러싸인 채 그는 인생에서 가장 위대한 과업에 착수했다. 유형 생활을 시작하고 2개월 후인 1935년 10월 6일, 파베세는 《삶의 기술》의 내용이 될 일기의 첫 몇 줄을 썼다.

> 최근에 내가 쓴 시들 중 일부가 설득력 있다는 점이 내가 점점 더 무관심하고 혐오감을 느끼며 시를 쓰고 있다는 사실을 깎아내리는 건 아니다….

분위기가 잡혔다. 칼라브리아의 견디기 힘든 더위 속에서 책도 없이, 권태로 인한 먹먹한 번민을 느끼며 숙소에서 매일 점검을 받아야 하는 유형 생활, 지저분한 바다가 눈앞에 보이고 토리노와는 너무 멀리 떨어진 그곳에서 그 위대한 성찰적 이야기를 쓰는 데, 그 장기 작업을 해내는 데 유형 생활의 하루하루가 필요했다. 나는 브란칼레오네를 더 일찍 떠날 수 있었지만, 그곳에 몇 시간 더 머물렀다. 그것이 내가 여행을 떠난 이유였다. 내 인생의 가장 중요한 책 중 하나의 첫 몇 줄이 쓰인 방이 내 앞에서 열리는 것 말이다. 주석이 달리고, 줄이 그어지고, 모서리가 접힌 《삶의 기술》은 내 침대맡 책 중 한 권이었다. 그 책은 결코 내 곁을 떠나지 않았다. 뚝뚝 끊기고 편안하지 못했던 그 독서는 나 자신의 현실과의 소통, 반성의 탐구이기도 했다. 내 나이에 해당하는 연도의 내용을 다시 읽으며 같은 기분을 느껴보려 했다. 연말과 1월 초 등 정확한 날짜들이 마음에 들었다. 로마에서는 로마와 관련된 페이지들을 읽으며 시간을 끌었다. 이해하지 못했던 단락을 새롭게 발견하고, 암호화된 메시지들을 해독했다. 이것이 파베세 일기의 가장 큰 수수께끼였다. 단연코 내밀했지만, 그것은 그의 것인 동시에 우리의 것이었다. 나는 그 책을 움켜쥐었다. 마치 내가 그와 함께 그 책을 쓴 것 같은 기분이 들었다.

《피곤한 노동》을 한창 작업하면서 파베세는 일기의 첫 페이지를 시적 창작에 할애했다. 일기는 〈남쪽 바다〉, 〈한 세대〉, 〈염소 신神[26)]〉, 〈모성〉의 뒷이야기를 드러냈다. 파베세는 자신만의 비평 도구를 구성했다. 《삶의 기술》은 무엇보다 시인이라는 그의 직업에서 나온 산물이었다. 그는 《달과 불》까지 자신의 작품 전체를 가로지르는 신화적 인물을 이미 정의했다. 1935년 11월 10일의 일기에는 다음과 같이 쓰여 있다. "내 시들 속에 인물 한 명이 있다면, 그는 회화적인 것의 모든 색을 본 뒤 일하고 싶은 마음은 거의 없이, 매우 순순한 것들에서만 큰 즐거움을 느끼며 집에서 도망쳐 나와 모든 색과 그림 같은 것을 보고 즐거운 마음으로 자신의 작은 마을로 돌아가는 남자다. 그는 항상 너그럽고 온후하며, 판단이 명확하고, 깊이 고통받지 않고, 자연에 기꺼이 복종하고, 여자와 함께 행복을 누리는 것에 만족하며, 외로움과 자유로움을 느끼는 것도 행복해하고, 매일 아침 다시 시작할 준비가 되어 있는 남자다. 간단히 말해 〈남쪽 바다〉에 나오는 인물이다."

---

26) 그리스 로마 신화에 등장하는 반은 사람이고 반은 겸소인 존재.

*

카르미네가 방문을 다시 닫았다. 그 방에서 나가기 전, 나는 1936년 2월 20일 자 의료 진단서 사본을 보았는데, 거기에는 파베세가 만성 기관지염에 걸렸다고 적혀 있었다. 보건 당국이 확인한 그의 걱정스러운 건강 상태는 그가 유형 생활을 끝내고 토리노로 복귀할 신호였다.

카르미네는 해변을 구경시켜준다며 나를 데려갔다. 당시에는 해변이 여성 구역과 남성 구역으로 나뉘어 있었고, 파베세는 해수욕객들의 조롱을 받으며 여성 구역의 바위까지 갔다. 공사 중이던 해변 도로는 작가의 이름을 붙인 원형 광장에서 끝났다. 요드로 인해 벽이 부식된 주택 앞에 있던 파베세의 흉상은 이유 없이 여러 번 파손되는 바람에 철거되었다. 그으느라 체사레 파베세 광장은 키 작은 야자수들이 있는 막다른 길에 텅 빈 받침대만 놓여 있는 기이한 모습이었다. 가느다란 가로등이 산책로 위로 기울어져 있고 시멘트 블록이 길을 막고 있었다.

오후 5시 기차를 기다리는 동안, 카르미네가 역내 카페에서 나에게 차 한 잔을 권했다. 요란한 색의 파라솔과 플라스틱 의자들이 있는 카페는 마치 해변의 오두막 같았다. 텔레비전은 정비 중이어서 최면을 거는 듯한 오류 메시지를 띄우고 있었다. 그것은 우리의 이웃인 이탈리아 사람들의 미덕이었다. 교외의 모든 정류장에, 심지어 시골 기차역에도 모두 카페가 있었다. 덕분에 이탈리아에서는 언제든 길가에 차를 세우고 음료를 마시거나 샌드위치를 먹을 수 있었다. 그들은 그런 식으로 공복에 대한 두려움을 몰아냈다. 카페에서 나는 마을 이장을 알게 되었다. 긴 군청색 비옷을 입은 늠름한 남자였다. 그는 오후 늦게 바에 와서 커피를 마시고 지나가는 새들의 불평을 들어주었다. 목소리가 너무 쉰 탓에, 내가 느끼기에는 그의 말이 입에서 나오는 것이 아니라 깊은 땅속에서 나오는 것 같았다. 사람들은 그가 말하도록 내버려두었다. 그의 목소리는 수십 년 동안 담배를 피워서 쉬고, 거칠고, 기름지고, 끈적끈적했다. 그가 침을 캭 뱉어내 기침의 경계를 넓혀주고 목소리를 간헐천의 맑은 샘물처럼 해방해주면 좋을 것 같았다. 그는 손에서 라이터를 놓지 않은 채 눈을 굴리며 빠르게 말했다. 그가 두껍고 따뜻한 손을 나에게 내밀었다. 카르미네는 나를 자신의 프랑스인 친구라고 소개했다. 곧 그들은 시사에 관해 이야기를 나누었다. 해변도로 공사가 당시의 화제였다. 사람들은 휴가철이 시작되기 전에 공사가 완료되기를 바랐다. 나는 이야기의 맥락을 놓친 채 생각 속을 헤매고 있었다. 자동차들이 와서 축구 학교에 다니는 소년들을 뱉어냈다. 그들은 셔츠, 반바지, 축구화 차림으로 플랫폼에 몰려들었다.

마침내 이장이 시계를 보고는 모두에게 인사한 뒤 담배에 불을 붙이며 카페에서 나갔다. 곧 카르미네도 내게서 떠나갔다. 그는 따뜻하게 나와 악수한 뒤 자신의 사륜구동 자동차에 올라탔다. 조금 떨어진 곳에서 종소리가 나더니 빨간색과 흰색으로 된 건널목 차단기가 내려왔다. 기차가 역으로 들어오고 있었다.

1936년 초봄, 7개월간의 유형 생활을 마치고 토리노로 돌아온 파베세는 쉰 목소리의 여자 티나와 재회할 것으로 기대했다. 아마 그는 자신이 유형을 간 것이 사랑의 증거이며, 그녀가 경의와 뉘우침이 뒤섞인 마음으로 자신을 이해해줄 거라 확신했을 것이다. 티나는 기차역 플랫폼에서 그를 기다리고 있을 터였다. 갈리마르 출판사가 펴낸 절판된 총서 '그들의 인물들'에 포함된 그의 전기에서, 파베세의 친구 다비데 라욜로Davide Lajolo는 파베세가 포르타 누오바에서 스투라니의 마중을 받았다고 말한다. "그녀는?"이라는 파베세의 질문에 스투라니는 이렇게 대답했다. "그녀 생각은 더이상 하지 마. 그녀는 어제 아침에 결혼했어." 그러자 파베세는 플랫폼에서 혼절했다. 이윽고 정신을 차린 그는 짐도 풀지 않은 채 조용히 누나 집으로 갔고, 새로운 은둔 생활에 빠져들었다. 그는 자기 내면의 칼라브리아에 칩거했다. 그것이 그의 일기에 거창하게 드러난다. 파베세는 깊이 상처 입었다. 첫 페이지들의 능변과 대조적으로, 1936년 4월 25일의 간결한 메모는 어떤 증언보다 더 많은 것을 말해준다.

오늘은, 아무것도 없다.

안토니오니의 영화처럼

 2월의 어느 화창한 날, 우리는 토리노에 도착해 모니카 비티Monica Vitti의 죽음을 알게 되었다. 콰드릴라테로 호텔 방에 막 짐을 부려놓은 참이었다. 나는 텔레비전을 켰다. 정오 뉴스의 마지막 부분에 그 로마 출신 여성 배우를 추모하는 내용이 짧게 나왔다. 같은 날 저녁에는 그녀가 출연한 인기 코미디물이 긴급 편성으로 방영되었다. 우리는 텔레비전 앞에 말없이 앉아 한 사람의 인생 역정이 요약된 5분 길이의 영상을 보았다. 벌써 나는 다음 날의 언론 기사를 초조하게 기다리고 있었다. 신문 가판대에 가서 담요처럼 두껍고 마른 잉크 냄새가 나는, 그리고 부록과 지역판이 추가된 신문을 찾을 것이다. 부고는 내가 피신하기 좋아하는 기사가 되었다. 나는 매주 눈부신 죽음들이 필요했다. 그런 위대한 이야기들이 한 시대를 고정했다. 그들은 시간을 멈추게 했고, 나를 안심시켰다.

이탈리아 대중에게 비티는 빈정대는 아름다운 여자, 뼛속 깊이 로마인, 매혹적이고 재미있는 여자, 논란의 여지가 없는 여자였다. 그리고 우리에게 그녀는 자국에서 이해받지 못했던 영화감독 안토니오니의 뮤즈였다. 그는 지나치게 지적이고, 지나치게 유럽적이었다. 그의 아방가르드주의는 웃음을 원하고 경제적 호황이 가져다주는 물질적 안락을 누리고 싶어했던 이탈리아 지방 사람들을 만족시키지 못했다. 나는 비티가 대중 영화와 안토니오니의 엘리트주의 사이의 가교 역할을 했다고 생각한다. 프랑스 관객들이 그랬듯이 우리가 그녀의 코미디들을 그냥 넘겼다면, 그것은 무엇보다 그녀가 흑백으로 촬영된 수수께끼 같은 3부작 〈정사〉, 〈밤〉, 〈일식〉 속의 침묵하고 주저하고 걱정 많은 여자를 대표했기 때문이었다. 우리는 그녀를 너무나 사랑했다. 어느 날, 나는 검은 피부의 여자와 함께 로마의 에우르 구역에서 비티의 그림자를 찾아다녔다. 그녀가 여전히 로마 베네의 파노라마 레스토랑 풍고가 있는 기슭인 우마네시모 가도 307번지 에클리시[27] 아파트에 살고 있다는 확신을 품은 채 말이다. 그곳은 약간 경사진 주택가로, 옛날의 모습을 그대로 간직한 스타오일 주유소 뒤에 있었다. 아무것도 변하지 않았다. 한때 텅 비었던 거리에 자동차들이 있었다. 그게 전부였다. 우리는 로비로 통하는 유리문을 밀어 열고 붉은 벽돌 건물 2층의 미지의 사람들, 영화 속 아파트에 살고 있는 사람들의 존재를 상상했다. 모니카 비티가 그곳에 살았다고 확신했다.

안토니오니는 포 강 유역과 평야에서 일하는 사람들을 촬영하면서 경력을 시작했다. 그 강과 평야는 마리오 솔다티Mario Soldati의 다큐멘터리 시리즈에서 에르

---

27) 이탈리아어로 '일식.'

마노 레아Ermanno Rea의 인생 행로까지 많은 사람에게 영감을 주었다. 1955년에 발표된 그의 초기 장편 영화 〈여자 친구들〉은 파베세가 사망 몇 달 전에 출간한 소설을 원작으로 한 영화였다. 나는 이것을 알고 놀라지 않았다. 내 생각에는 두 남자 사이에 비슷한 면이 있었던 것 같다. 〈여자 친구들〉은 안토니오니가 주제를 직접 구상하지 않은 몇 안 되는 영화 중 한 편이기도 했다. 자유롭게 각색했지만 소설의 기본적인 내용에 충실했다. 당당한 성품의 두 여성 알바 데 세스페데스Alba de Céspedes와 수소 체키 다미코Suso Cecchi D'Amico가 시나리오 집필에 참여했다. 안토니오니의 의사소통 불능이 파베세의 실존적 고독과 만났다. 그들의 인물들은 세상에서 혼자였다. 그들은 텅 빈 마을들을 배회하고, 안개 낀 시골로 도망쳤다. 그 고독하고 한가한 존재들은 작은 무리 속에서 헛되이 행복을 추구했다. 그들은 탐색 중이었다. 무엇을? 누구를? 우리는 더이상 알지 못했다. 여자들은 사라졌다. 우리는 그들의 흔적을 잃어버렸다. 우리는 목적 없이 걸었다. 부르주아 아파트의 창문 너머로 하루가 빠르게 흘러갔다. 파베세의 소설 속 인물들은, 안토니오니의 영화 속 인물들이 그런 것처럼, 죽은 시간의 지배를 받아들인다. 그들은 같은 분위기를 공유한다. 안토니오니가 지방의 유전적 특성에서 벗어나려고 노력해 고향에서 멀리 떨어진 국경 지역에서 재능을 꽃피웠다면, 파베세에게 페라라[28]는 랑게 언덕처럼 고향 도시, 신화의 도시에 머물렀다고 나는 생각했다. 우리가 출발한 곳, 결국 되찾게 된 꿈의 고장.

파베세의 냉소적인 명석함과 체념은 안토니오니의 남성 캐릭터의 그것과 매우 유사했다. 그 남자들은 공허한 눈빛과 비통한 얼굴로 양손을 주머니에 넣은 채 서 있다. 희귀한 작품으로 출판된 감독의 개인적 메모 중 일부가 파베세의 일기나 등장인물 중 한 명의 입으

---

[28] 포 강 하류 삼각지를 포함해 1999년 유네스코에 등재된 세계문화유산. 1492년에 건설되기 시작한 르네상스식 계획 도시이며 에탈리아에서 로마식 도시 배치를 따르지 않은 유일한 도시이다.

로 들어갔을 수도 있다. "나이가 들면서 내가 잃어버린 것이 있다. 감정상의 용기이다." 파베세는 이렇게 썼다. 또 이런 말도 썼다. "종종 나는 복수하고 싶은 욕구가 생기지만, 그들은 모두 휴가를 떠났다." 안토니오니 역시 자살 생각에 끊임없이 시달렸다. 그는 위대한 사람들과 함께 만든 스케치 영화 〈도시의 사랑〉에서 자살을 시도한 여성들을 인터뷰했다. 그의 작품은 그 행동으로 가득 차 있을 것이다. 그리고 그는 자신의 생각은 거의 항상 영화에 가 있었다고 말했다. 나는 꽤 늦게야 깨달았고, 그것은 내 직감을 뒷받침해주었다. 안토니오니는 이탈로 칼비노에게 보내는 공개 서한 〈파베세에 대한 변함없는 사랑〉을 발표했다. 이 서한에서 원작을 모욕했다는 평론가들의 의견에 답했으며, 토리노에 대한 자신의 어두운 시각은 토리노 사람들의 시각에 충실하지 않았다고 말했다. 안토니오니는 스스로를 변호했다. 그렇다. 그는 작가에게 경의를 표하면서도 원작과의 구별을 분명히 했다. 그는 파베세에게 뭔가 해주지 않았지만 그를 배신하지도 않았다. 그는 자신의 영화 속 주인공들이나 이기적인 사람들을 좋아하지 않았지만, 냉철한 태도로 영화에 담았다. 또 그는 자살한 젊은 여성인 로제타의 "구상적具象的 수치심"에 대해서도 이야기했다. 구상적 수치심… 이 말은 훌륭했다. 마지막으로 그는 이렇게 설명했다. "영화에서 자살의 애정적 동기는 삶에 대한 권태라는, 삶에 대한 애착 불능이라는 꽃병 안의 물을 넘치게 하는 한 방울의 물에 불과하며, 그것은 곧 파베세의 동기이기도 하다."

파베세가 자살하고 5년이 지난 시즌에서 《여자들끼리》를 각색하는 건 자명한 일로 보였다. 안토니오니가 파베세의 세계를 독점하게 되었다. 이 책은 《아름다운 여름》 3부작의 마지막 소설로, 현대적이고 대담한 전개 방식을 취했다. 소설은 어느 재봉사가 토리노로 돌아와 가게를 여는 이야기를 들려준다. 그녀는 호텔에 묵다가 낯선 사람처럼 고향 도시로 돌아온 후, 어떤 충동에 붙들려 멀리서 일하기도 하고, 친구들을 만나기도 하고, 주말에 차를 타고 언덕으로 나들이를 가기도 한다. 그녀는 그녀를 지치게 만드는 남자들과 유희를 즐긴다. 그 남자들의 수작이 마음에 들어도 밀어내면서. 그들이 함께 영화관에 가자고 청하지 않았을까? 그녀는 자신은 항상 혼자 간다고 대답한다. 무도회에서 기사騎士는 어디에 있느냐고 묻는 또 다른 남자에게, 그녀는 자신은 말馬이 아니라고 응수한다. 이것은 파베세가 여성의 입장이 되어 쓴 최초의 책은 아니었다. 《아름다운 여름》도 마찬가지였다. 안토니오니가 말했듯이, 그는 여성이 현실의 가장 섬세한 필터라는 걸 알고 있었다. 반면 남자들은 비겁하고, 보잘것없고, 타산적이고, 허영심이 많고, 사랑할 줄 몰랐다. 이 책에서 젊은 로제타는 다음과 같이 한탄한다.

그들은 모든 걸 더럽혀요. 그녀가 말했다. 마치 아이들처럼 더럽히지요.
—그들이 어떻게 더럽힌다는 거예요?
—그들이 만지는 것을 더럽혀요. 우리를 더럽히고, 침대를 더럽히고, 그들이 하는 일을 더럽히고, 그들이

사용하는 말들을 더럽혀요. (…) 다른 점이 있다면 이 거죠. 그녀가 말했다. 아이들은 자기 자신만 더럽힌다는 거요.

그 남자들은 창녀의 품에서 깨어나 산 앞의 벤치에 홀로 앉아 우는, 영화 〈정사〉 속의 산드로와 비슷했다. 이것은 그 영화의 마지막 장면이다. 모니카 비티는 손짓 한 번으로 피부를 쓰다듬어 그를 용서한다. 사실 남자들은 불쌍했다. 그들은 더이상 변명거리를 찾지 않았다. 그들은 용서를 구했다.

나는 편지들 중 파베세가 친구 페르난다 피바노 Fernanda Pivano에게 보낸 1940년 10월 25일 자 편지를 우연히 마주했다. 파베세는 그 편지에 자신의 자화상을 그려냈다. 그리고 내가 보기에 그는 모든 관점에서 안토니오니의 영화 속 등장인물을 그려내는 것 같았다.

P.는 의심의 여지 없이 외로운 사람이다. 자라면서, 세

상과 동떨어져 있지 않으면 가치 있는 일을 아무것도 할 수 없다는 걸 깨달았기 때문이다. 그는 이런 모순된 요구들에 맞서는 살아 있는 순교자이다. 그는 혼자 있고 싶어하고, 실제로 혼자다. 하지만 그걸 아는 사람들 속에서 혼자 있고 싶어한다. 그는 어떤 사람들에게 말로 표현할 수 없는 깊은 애착을 느끼고 싶어하고, 실제로 느낀다. 하지만 밤낮으로 스스로를 괴롭히고, 적절한 말을 찾아내기 위해 그 사람들도 괴롭힌다. 이 모든 것은 의심의 여지 없이 진실하며, 불행하게도 시인으로서 그의 본성에 내재된 표현의 욕구와 섞여 있다. 심지어 P.는 이 모든 것을 표현, 소통, 일치의 욕구라고 부른다. 그의 결핍, 고독의 비극, 영혼의 소통 불능, 그리고 기타 등등.

이런 사람이 사랑 앞에서 무엇을 할 수 있겠는가?

파베세와 안토니오니는 언젠가는 만나야 했다. 그들은 아슬아슬하게 서로 비껴갔다. 그들은 〈여자 친구들〉에서 마주쳐 지나갔다. 파베세는 이미 5년 전에 자살했다.

검은 피부의 여자가 파베세의 여성 캐릭터들과 마주쳤던 당혹스러운 경험을 나에게 털어놓았다. 그녀는 《아름다운 여름》에서 초상들이 진부하지 않고 섬세하게 그려진 점과, 파베세가 여성들 사이의 관계를 명료하게 묘사한 점, 즉 질투, 좌절, 여성의 몸에 대한 여성적 감정, 친구의 몸에 대한 최초의 사춘기적 감정, 다른 여성에 대한 매혹을 떠올렸다. 그녀는 파베세가 여성들의 고통에 그토록 민감한 반응을 보이면서 일기에 그런 끔찍한 내용을 쓸 수 있었다는 사실에 놀랐다. 그녀는 파베세가 여성들로부터 이해받지 못한다고 느꼈지만 그 자신은 여성들을 너무 잘 이해했다는 결론에 도달했다. "내 생각에." 그녀가 말했다. "그는 그녀들 중 한 명이 되고 싶어한 것 같아."

그의 일기장의 짧은 메모 말미에서 나는 이런 문장을 발견했는데, 문맥에서 떼어내 읽어보면 더 아름답다.

더욱 여성스러워져야 한다.

파베세는 남성들에게 이렇게 말하는 듯하다. 당당해지고 싶다면 여성이 되어라.

*

토리노에서 보낸 그 겨울날, 모니카 비티가 죽은 그날은 아마도 우리가 수페르가에 올라간 날이었을 것이다. 하늘이 쪽빛처럼 무척 파랗고 맑아서 뛰어들고 싶을 정도였다. 수페르가는 대성당이 우뚝 서 있는 언덕으로, 날씨가 맑으면 포 강 건너편에서도 대성당을 볼 수 있었다. 일요일 산책을 하기에는 조금 멀었고, 토리노 사람들이 주말을 보내러 가기에는 너무 가까웠다. 《여자들끼리》의 마지막 부분에서 클레리아, 모미나, 그리고 로제타는 자동차를 타고 수페르가로 소풍을 떠난다. 클레리아는 이렇게 말한다. "나는 수페르가에 가본 적이 없어요. 그곳이 그렇게 높은 줄 몰랐어요. 어떤 날 저녁이면 포 강의 다리에서 검은 언덕이 보이고 그 언덕이 빛의 목걸이로 장식된 걸 볼 수 있었어요. 아름다운 여인의 어깨 위에 되는대로 걸쳐진 목걸이처럼요." 수페르가는 도시와 시골, 하늘과 언덕 사이에서, 모든 것의 도중에서 길을 잃은 것처럼 보였다. 그 언덕은 흐린 날이면 종종 구름 속으로 사라지곤 했다. 안개가 그 언덕을 가져갔다가 우리에게 돌려주었다.

우리는 나피오네 가도를 따라 올라가는 전차를 타고 교외로 가서 강을 건너 사시에서 내렸다. 주변의 젊은이들이 우리 언어로 이야기했다. 그들과 함께 있으면서 우리는 언덕 기슭에 장 지오노[29]라는 이름의 프랑스 고등학교가 있다는 걸 알게 되었다. 나는 한 작가의 흔적을 찾아다녔는데, 그것 자체가 일종의 병이었다. 우리가 가는 길에 있는 모든 것이 파베세라는 필터를 거쳐야 했다. 판단하고, 비교하고, 조사하고, 검토해야 했다. 그

---

[29] Jean Giono(1895~1970), 프랑스의 소설가.

건 병적이었다. 물론 나는 파베세와 지오노 사이의 유사점 몇 가지를 발견했다. 1930년대에 두 사람 모두 멜빌의 《모비 딕》 번역 작업에 열중했다. 이탈리아와 마찬가지로 프랑스에서도 그들의 텍스트는 중요한 참고 문헌으로 남았다. 아름다운 3부작인 《언덕》, 《보뮈뉴에서 온 사람》, 《소생》[30]은 피에몬테 사람들의 신화와 도시에 완전히 적응하지 못했던 그 남자의 투박한 기질을 담아냈다. 파베세가 그렇듯이 지오노의 작품도 항상 언덕으로 돌아간다. 그런데 지오노는 지루한 묘사로 공간을 질식시키며 길을 잃었다. 그는 묘사하는 글을 쓰는 법을 잊어버렸다. 《지붕 위의 기병》은 나를 짜증나게 했고, 《오락 없는 왕》을 다시 읽는 것이 나는 두려웠다. 그것은 분명 청소년 시절의 추억으로 남겨두어야 할 책이었다. 나는 파베세와 마찬가지로 글쓰기는 포기와 강제적 무미건조함에 대한 시험이라고 생각했다. 그것은 포기의 문제였다. 나는 지오노가 그 반대의 길을

---

30) 셋 모두 장 지오노의 작품이다.

택한 것에 놀랐다. 나는 그의 초기작들이 더 좋았다.

우리는 그 환경에 갑자기 프랑스어가 끼어드는 것에 약간 당황하면서도 그 청소년들이 공부를 하게 남겨두었다. 외국 여행은 종종 이상한 거품과 같다. 오래된 케이블카가 하루에 세 번 수페르가까지 올라갔다. 사람들은 사시에서 케이블카를 탔다. 랙이 달린 케이블카 차량은 가혹한 경사를 극복하는 레일을 통해 정상까지 끌려갔다. 내부는 전체가 나무로 되어 있었다. 나무판으로 된 마루와 벽이 있고, 손바닥처럼 휘어진 좁은 벤치들이 놓여 있었다. 우리는 1930년대에 쓰이던 기계가 삐걱거리는 소리를 들으며 숲을 헤치고 올라갔다. 복원된 기계는 마치 이동식 박물관 안을 걷는 듯한 기분을 안겨주었다. 개찰원은 제모와 군청색 제복 차림이어서 마치 다른 시대에서 온 사람처럼 보였다. 오르막길에 몇 개의 역이 있었다. 케이블카는 아무것도 없는 곳에서 멈추었다가 요란한 소리를 내며 다시 출발했다. 뒤쪽으로 허공이 펼쳐졌지만, 우리는 무시해야 했다.

너무도 위협적인 현기증 때문이었다. 우리가 나아가는 길의 구불거림에 따라 앞쪽에 대성당이 나타났다 사라졌다 했다. 진실을 말하자면, 대성당은 몽마르트르처럼 차가워서 매력이 없었다. 하지만 그 상태는 오히려 대성당에 영혼을 더해주었다. 그것은 아름답지는 않았지만 높은 곳에 있었다. 마침내 우리는 아르데코 양식의 놀라운 역에 도착했다. 역에는 구내식당과 대기실, 진녹색의 철제 구조물 그리고 파리의 온실들과 비슷한 커다란 유리창이 갖춰져 있었다. 우리에게 토리노는 너무 멀리 있는 것 같았다. 회색으로 물든 건물들 사이로 몰레 안토넬리아나[31]의 첨탑이 보였다. 배경에는 알프스 산맥이 하얀 장벽을 이루고 있었다.

내가 수페르가에 올라가고 싶었던 데는 이유가 있었다. 파트너에게는 그것을 비밀로 했다. 우리는 서로를

---

31) 이탈리아 토리노에 있는 랜드마크 건물로, 건축가 알레산드로 안토넬리의 이름을 따서 명명되었다.

알아가던 시기였고, 새로운 악습을 공개하기에는 너무 일렀다. 전망만 보자면 링고토의 옥상에 올라가거나, 몰레의 파노라마 전망 엘리베이터를 타거나, 카푸친 산까지 조금 하이킹을 하는 것만으로도 충분했을 것이다. 그곳에서는 화산암 조각들을 볼 것 없이 도시 전체를 내려다볼 수 있었다. 너무 높은 곳에서 바라보면 도시는 아름다움을 잃고 광역 도시권이 된다. 수페르가에, 대성당 뒤쪽에, 내가 앞에 가서 묵념하고 싶은 비석이 있었다. 이탈리아 축구사의 가장 큰 비극을 기리는 비석이다. 1949년 5월 4일, 비가 오던 날, 세상에서 가장 아름다운 축구팀을 태운 비행기가 수페르가에 추락했다. 그해 '그란데 토리노'[32]는 5시즌 연속 이탈리아 챔피언이 되었다. 이 팀은 리스본에서 열린 친선 경기에서 돌아오는 길이었지만, 토리노에는 영영 도착하지 못했다. 이탈리아 국가대표팀의 대부분을 차지했던 열여

---

[32] 당시 막강한 전력을 자랑하던 프로 축구팀 토리노 FC를 존경을 담아 부르던 명칭.

덟 명의 선수와 다른 승객 열세 명이 피아트 G-212 항공기에 탑승한 채 대성당 기슭에서 사망했다. 오후 5시, 수페르가의 안개 속에서 그 무적의 선수들은 누군가 촛불을 불어 끈 것처럼 사라졌다. 갑자기 연기가 피어올랐다. 독서에 열중하던 대성당의 주임 신부는 엄청난 굉음을 들었다. 그보다 더 아래에 있는 토리노에서는 아무도 아무것도 알지 못했다. 폭우 속에서 전차가 사람들을 집으로 데려가고 있었다.

인구 70만 명 도시에 60만 명의 조문객이 모여들어 두오모에서 무적의 영웅들에게 마지막 인사를 했고, 그들의 관을 호위해 기념 묘지까지 갔다. 전대미문의 광경이었다. 다음 날 어느 신문의 헤드라인은 "우리가 그들을 그토록 사랑하는 줄 몰랐다"였다. 현장에 파견된 디노 부차티Dino Buzzati는 가족들의 비통함과 영웅을 빼앗긴 아이들의 눈물을 증언했다. 중요하지 않은 과학자, 시인, 작가가 자살했다면 사람들이 똑같은 슬픔을 느꼈을까? 부차티는 질문하는 척했지만 사실 그 답을 알고 있었다. "아니다, 진실되게 말해야 한다. (…) 오늘 너무나 많은 사람의 얼굴에서 이미 읽었으므로, 우리는 우리의 위대한 선수들이 어떤 사람들인지 안다고 주장하지 않을 수 없다. 대도시의 초라한 삶 속에서, 그들은 매주 일요일 환상적인 분위기와 새로운 삶을 선사한다…." 당시 부차티는 〈코리에레 델라 세라〉의 사회면을 담당하고 있었다. 그는 사고 현장에 가서 온 도시가 슬픔에 잠긴 모습을 취재해 이야기했다. 나는 수페르가의 비극에 관한 파베세의 어떤 언급도 발견하지 못했다. 하지만 그날 그는 토리노에 있었다. 며칠 뒤, 그는 일기에 《여자들끼리》의 집필을 막 끝냈다고만 적었다.

이 비극은 이탈리아 스포츠의 신화 중 하나였으며, 모호한 드라마와 풀리지 않는 수수께끼들로 점철되어 있었다. 매년 5월 4일, 축구팀 팬들이 수페르가로 순례를 갔다. 그들은 수백 명씩 모여 그 언덕을 올라갔다. 팀 주장은 비석 앞에서 클럽 회장, 성당 부속 사제, 그리고 묵념하는 군중에 둘러싸여 죽음의 침묵 속에서 희생자들의 이름을 낭독했다. "이탈리아의 챔피언 바치갈루포, 발라린 알도, 발라린 디노, 본조르니, 카스틸리아노…." 그는 그들의 이름을 하나하나 불렀다. 영원히 젊고, 아름답고, 도도하게 남아 있는 그 얼굴들. 포마드를 발라 넘긴 머리칼, 몸에 꼭 맞는 연보라색 셔츠를 입은 챔피언들의 몸. "마로소, 마르텔리, 우리의 주장 발렌티노 마촐라, 멘티, 오페르토, 오솔라…." 나는 도시를 그 도시의 대중적 열정과 축구, 즉 비이성적인 집단 히스테리로 해독해보려 했기 때문에, 토리노는 항상 나에게 가넷 빛깔의 반영 속에 보였다. 토리노는 와인 색이었고, 토리노 FC의 상징색 '토로'였으며, 그것은 화려하면서도 저주받은 색깔이었다. 대성당 반대편 북쪽 경사면, 사이프러스 나무 아래, 그리고 숨겨진 기념 명판 아래의 벽돌담에는 전 세계에서 온 온갖 색깔의 스카프들이 쌓여서 비와 바람, 먼지, 초석硝石, 그리고 낙엽을 빨아들였다. 검은 피부의 여자는 나를 원망하지 않았다. 이 우회는 그녀의 마음에도 영향을 미쳤다. 그녀는 사람들이 이따금 지나가던 마을의 전쟁기념관 앞에 멈춰 서서 생각에 잠기듯이, 감정을 억누르며 영웅들의 이름을 읽었다. 청춘을 단번에 앗아간 재앙 앞에서 충격을 받은 듯했다.

우리는 부속 예배당들을 따라 성당 안을 조용히 거닐다가 바로크 양식의 차가움을 뒤로 하고 전망대로 돌아왔다. 자전거를 타고 가던 두 사람이 오르막길에 숨이 막혀 자전거를 멈추고 있었다. 전망대에서 보니 마치 도시가 미라화된 것 같았다. 더이상 아무것도 움직이지 않는 듯했다. 평원에는 남자들과 여자들만 있는 걸까?

《여자들끼리》속 세 친구는 성당 안에서 모험을 하지는 않았다. 아직 그 언덕에는 비행기가 추락하지 않았다. 그녀들은 갓길에 차를 세우고 허공을 마주 보며 담배를 피웠다.

"여기는 아름답네." 로제타가 말했다.

"세상은 아름다웠을 거야." 모미나가 우리에게 합류하며 말했다. "우리가 여기에 없었다면 말이야."

"'우리'는 다른 사람들을 말하는 거야." 나는 로제타를 바라보며 말했다. "다른 사람들 없이 지내고 그들과 거리를 두면 살아가는 것도 다시 가능해져."

"여기선 그럴 수 있어." 차를 타고 가던 중 갑자기 로제타가 말했다. "하지만 토리노 사람들을 봐. 끔찍하지. 그곳에서는 모든 사람과 함께 살아야 해."

며칠 후 로제타는 더이상 생명의 신호를 보이지 않는다. 아무런 소식이 없어 걱정에 잠겨 있던 여자들은 마침내 로제타가 나피오네 가도에 있는 어느 방에서 자살했다는 사실을 알게 된다. 그 방 창문으로는 수페르가가 보였다. 마치 그녀에게는 삶이 그 높은 곳에서, 언덕에서 보내지 않으면 견딜 수 없는 것이 된 것처럼.

멀리 있는 사람들이 돌아오기를

나는 서서히 마지막 날들에 다가가고 있었다. 작년 여름부터 나는 그 행동을 염두에 두며 내 길을 따라갔다. 하지만 그 행동을 피하려고 신경을 썼다. 어둠이 가까워졌다. 파베세가 끝내지 못한 그해를 되짚어보기 전에, 나는 언덕 지대로 우회해야 했다. 그의 마지막 책인 《겸손한 신곡》의 배경인 랑게에서 길을 잃어야만 했다. 이게 전부다. 달과 불의 절대적인 고장. 내 생각에 파베세의 신화, 그의 작품의 의미는 그의 다지막 소설의 첫 페이지에서 발췌한 다음의 글에 담겨 있다. 화자의 귀가는 1935년 〈남쪽 바다〉의 사촌과 함께 시작된 고리를 닫았다.

우리는 우리 시대의 젊은이들이 주변 고장의 축제에 가서 춤추고, 술 마시고, 싸우고, 주먹이 엉망이 된 채 허세에 가득 차 집으로 돌아오는 것처럼 바다와 육지를 두루 여행한다. 우리는 포도를 재배해 카넬리에서 판매하고, 송로버섯을 수확해 알바로 운반한다. 살토 출신인 내 친구 누토는 카모까지 이어지는 계곡 전체에 포도 운반용 통과 압착기를 공급한다. 이것은 무엇을 의미하는가? 자기 고향을 떠나는 즐거움을 위해서라도 고향이 있어야 한다는 것이다. 고향은 당신이 혼자가 아님을 의미하며 사람들에게, 나무들 속에, 땅속에 당신의 무언가가 있음을 아는 것을 의미한다. 그것은 당신이 거기에 없을 때도 참을성 있게 당신을 기다린다.

나는 서른 살이 되기 직전에 《달과 불》을 읽고 큰 충격을 받았다. 파베세는 나를 천천히 잠식하던 감정을 글로 표현했다. "마흔 살이 되었는데도, 세상을 많이 보았는데도, 내 고향이 어떤지 아직 모른다는 것이 가능한 일일까?" 그의 등장인물들은 내 안에서 튀어나오는 것과 똑같은 질문들을 제기했다. "그대의 죽은 자들은 어디에 있는가?" 한 사람은 자신의 계곡을 한 번도 떠나지 않고 매년 여름 같은 태양 아래에서 뜨겁게 지내는 사람이었고, 다른 한 사람은 새로운 고장과 도시의 소음에서 힘차게 돌아온 사람이었다. 움직이지 않고 고향에 남아 있는 사람들에 대해 우리가 느끼는 경멸과 연긴의 태도를 뭐라고 부를 수 있을까? 미성숙? 맹목? 귀향의 고통스러운 기쁨을 한 번도 경험하지 못한 사람, 그 이상한 감각, 사랑하는 가족이 우리 없이 살도록 방치한 것에 대한 후회를 한 번도 느껴보지 못한 사람, 다른 곳 앞에 순진하게 무릎 꿇어본 적 없는 사람은 그것을 이해하지 못할 것이다. 재킷의 먼지를 손등으로 털어내듯 고향을 없애버릴 수는 없다. 어린 시절의 땅은 우리 안에 영원히 살아 있다. 우리 안에는 우리의 사람들이 있다. 파베세의 책을 읽는 것은 떠나는 사람에게 이런 웅장함을, 이런 예감을 알려주었다. 모든 여행자를 인도하는 예감이다. 어딘가에 우리를 기다리는 집이 있다는 것.

*

 파베세는 산토 스테파노 벨보의 서쪽 끝, 우리가 발견한 지방 도로 건너편의 집에서 태어났다. 그곳은 트럭들이 지나가고 차들이 속도를 내어 질주하는, 매력 없는 도시의 외곽마을이었다. 나는 해변이 없는 그 새롭고 별난 여행지로 검은 피부의 여자를 데리고 갔다. 그녀는 태평하게 살 수 없는 가여운 신경증 환자였던 어떤 사람의 발자취를 좇는 여행에 나와 동행했을 뿐이다. 하지만 그녀가 파베세의 존재에서 벗어나 생각에 잠긴 채 언덕과 포도밭을 바라보며 나 없이 자기만의 내면의 여행을 하고 자기만의 길을 걷고 있는 것도 사실이었다. 바람이 불던 어느 아름다운 저녁, 그녀가 식당의 테라스에서 카넬리 쪽의 포도밭을 바라보고 있을 때, 나는 넋을 잃고 포도나무들을 바라보는 그 시선의 자유에 관해 생각했다. 그 시선은 다른 사람의 글로 오염되지 않았다. 그런 시선으로는 아무것도 쓸 수 없을 것이다. 그 시선은 순수하고 새로웠다. 그것은 자유로웠다. 태초에 말씀이 있었다고 나는 항상 생각했다. 그런데 검은 피부의 여자는 말씀 전에 시선이 있었다는 걸 나에게 알려주었다.

파베세는 곡식 수확이 끝나고 포도 수확이 한창이던 9월 초, 황금빛을 띤 녹색 늦여름의 가장 아름다운 시간에 헤이즐넛 나무들 뒤, 노란색 외벽과 옅은 녹색의 덧문들이 있는 휴가용 주택에서 태어났다. 그가 태어난 집은 팔렸지만, 나는 그가 태아 시절에 대한 향수를, 기억이 없는 생의 첫 몇 달에 대한 일종의 사우다데 saudade, 즉 우울한 갈망을 평생 간직했다고 생각한다. 산토 스테파노 벨보의 집은 그가 일 년 내내 꿈꿔온 여름 별장이었지만, 그는 도시의 아이이자 외국인이 되어 돌아왔고, 학교로 돌아가기 위해 아쉬워하며 그곳을 떠났다. 그는 〈죽음이 다가와 당신의 눈을 가져가리〉에서 다음과 같이 쓰게 된다. "그곳은 기다리는 땅, 말이 없는 땅이다."

《8월의 휴가》,《해변》,《아름다운 여름》,《달과 불》…, 늦여름은 그가 영감을 길어낸 우물이었다. 파베세는 지중해 지역의 밝은 문체에 만족할 수 없었을 것이다. 그는 알베르 카뮈의 결혼에 온전히 합류하지 못했다. 그는 계절의 끝이라는 어둠, 그 슬픔, 늦여름의 철학을 갖고 있었다. 그의 언어는 그 자신과 마찬가지로 9월의 것이었다. 포도나무가 자라는 고장 출신 사람들은 9월에만 행복하다. 행복하면서도 약간 슬프다. 이런 탓에 그는 까다롭고 화를 잘 내는 성격에, 애절하고 진지하고 근면한 태도를 갖게 되었다. 그들은 포도나무에 대해 농담을 하지 않지만 저녁이 되면 술에 취할 줄도 알았다.

우리는 그 후회의 고장을, 알바와 아스티 사이에 흩어져 있는 마을과 촌락들로 향하는 도로와 길들을 자동차를 몰고 며칠 동안 돌아다녔다. 이 지명들은 파베세 덕분에 처음으로 책에 기록되었다. 르 살토, 라 모라, 가미넬라, 크라반차나, 크레바쿠오레…. 불꽃놀이가 열리는 시골 축제처럼 울려 퍼지는 이 지명들은 신화가 되었다. 아마도 파베세는 자기 마을의 이름을 세상 반대편에 알리는 유형자의 자부심으로 그것들을 썼을 것이다. 나는 뉴욕, 시카고 혹은 그 외의 곳에 정착한 모든 이탈리아 이민자들을 생각했다. 그들은 외딴 산속, 판잣집 몇 채가 있는 마을 출신으로, 사방으로 뻗어나가는 세계 도시들의 열기에 휩싸인 사람들이었다. 그건 전례가 없는 일이었다. 우리가 랑게에서 출발했다면, 그 외국인은 제노바 항구의 부두에서 출발했다. 《달과 불》의 화자는 첫걸음부터 향수볋에 사로잡히고 곧바로 뚜렷한 후회를 느낀다. 실망한 것이다. "나는 제노바 거리를 처음으로 걸었을 때 느낀 환멸을 기억한다. 풀 한 줌이라도 찾아보려고 길 한가운데로 걸어갔다. 항구가 있었고, 그렇다, 여자들의 얼굴도 있었고, 상점과 은행도 있었다. 하지만 사탕수수 밭, 나무 냄새, 포도나무 한 그루는 어디에 있었을까?"

우리는 피놀로 스칼리오네의 제재소 앞을 지나갔다.

그는 《달과 불》 속의 누토에게 영감을 주었고, 《피곤한 노동》에 수록된 시 〈궐련 흡연자들〉에 나오는 굳은살이 박힌 클라리넷 연주자에게 영감을 준 매우 친한 친구였다. "그는 전쟁 후 배고픔 속에서 자란 사람 중 한 명이었다." 파베세는 자신의 고향땅에 관해 많은 글을 썼고, 그래서 그곳도 그에게 은혜를 베풀었다. 그는 그곳 출신의 작가였고, 여기저기 살피던 여행자는 길 위에 흩어져 있는, 그의 추억을 떠올리게 하는 표지판들을 발견했다. 파베세와 관련된 장소들은 랑게와 벨보 계곡을 통과하는 여정을 제공했다. 우리는 포도밭과 언덕 위에 흩어져 있는 분홍색과 회색의 작은 집들 사이로 몬쿠코 언덕을 올라갔다. 그 풍경은 온순하고, 건강하며, 곧았다. 몬쿠코는 〈남쪽 바다〉에 나오는 언덕이었다. 그 위에서 토리노 등대의 불빛을 볼 수는 없었지만, 내가 사랑하는 여자 옆에서 나는 조용히 할 것을 요구하는 장소들이 있다는 걸 알아차릴 수 있었다. 침묵을 요구하는 장소들. 우리의 힘. 순풍이 불고 포도나무들 사이로 빛이 흐르는 듯했다. 그것은 이 지역에서 나는 포도 품종인 아르네이스의 색을 띠고 있었다. 그것을 둥근 유리잔에 따라 마시면 좋았을 텐데.

《달과 불》은 미완의 귀향에 관한 소설이다. 화자는 휴식을 취하려고 앙주 호텔로 내려가고, 자신이 떠난 고향을 완전히 되찾지는 못한다. 물론 그곳에는 어린 시절의 친구인 누토가 있고, 마을 외곽에 제재소가 있고, 옛 소녀들의 이름이 있고, "숨을 쉬고 땀을 흘리는 몸과 같은" 똑같은 언덕과 포도밭이 있었다. 하지만 그는 죽은 줄 알았던 〈남쪽 바다〉의 사촌에게 부여된 운명을 살고 있었다. 세상 끝에서 큰돈을 번 후 '미국인'이 되어 고향으로 돌아온 그는 확실히 성공한 사람의 헌신적인 마음을 갖고 있었지만 너무 먼 곳에서 왔다. 상황이 변했다. 그가 그곳에 부적합했기 때문에, 사람들은 그를 편견을 가지고 바라보았다. 그는 이곳 출신이기도 하고 아니기도 했다. "우리는 늙어서도 안 되고, 세상을 알아서도 안 된다." 그는 이렇게 썼다. 이제 파베세에게는 고향으로 돌아가는 것만으로는 충분하지 않았다. 그렇다면 어떻게 살아갈 것인가? 그는 한계에 다다랐다. 《달과 불》은 그의 "위대한 직관", "놀라운 비전", "매일의 생각"(1949년 7월 17일 자 편지)이었지만, 결국 그를 소진시키고 말았다. 파베세는 들판에서 돌아오는 농부처럼 힘들고 지쳐 있었다. 그 제목 자체가 슬프고도 무한한 아름다움을 담고 있다. 달은 차갑고 멀고 냉정한 빛을, 무관심을 인간들에게 대립시켰다. 달은 레오파르디[33]의 시에서처럼 건드릴 수 없는 존재, 말 없는 존재였다. "달아, 하늘에서 뭘 하고 있니? 말해 봐. 조용한 달아, 뭘 하는 거니?" 아시아에서 온 유목민 목동이 읊조렸다. 불에 관해 말하자면, 그것은 기쁨의 화덕, 성 요한의 화덕은 아닐 것이다. 파베세의 젊은 친구였던 프랑코 페라로티[34]에 따르면, 파베세는 무솔리니가 리라화의 가치 절상을 위해 시행한 급진적 개혁 '쿼터 90' 때문에 파산한 농민들이 스스로 농장에 불을 지른 사건

---

33) Giacomo Leopardi(1798~1837), 이탈리아의 시인. 고전파의 대표적 시인이었으며 염세주의적인 면모를 보였다.
34) Franco Ferrarotti(1926~2024), 이탈리아의 사회학자이자 정치가.

을 언급한 것일 거라고 한다. 그 정책은 대규모 산업에는 도움이 되었지만, 소규모 가족 사업과 농부들을 무너뜨렸다. 파베세는 세상의 종말을 목도하고 있었다. 우물과 쟁기, 석유 램프, 말과 흙길의 종말 말이다. 세상이 불에 타서 없어지는 중이었다. 시대가 변하고 있었다. 트랙터와 텔레비전의 시대, 도시와 산업화라는 기계적인 시대로 접어들고 있었다. 하지만 파베세는 사회 변화에 적응하지 못하는 사람, 좌절한 도시인으로 남아 있었다. 1950년 5월 30일에 쓴, 〈가제티노〉의 평론가에게 보낸 감사 편지는 그의 고갈을 잘 보여준다. "사실 《달과 불》은 내가 다른 모든 책보다 먼저 마음속에 품었던 책이고, 쓰면서 가장 즐거움을 느낀 책입니다. 그런 만큼 오랫동안―아마도 영원히―다른 일은 하지 않을 것 같습니다. 우리는 신을 지나치게 시험해서는 안 됩니다."

생애의 마지막 몇 달 동안 파베세는 마치 사람들이 서가書架를 정리하듯 책들을 펴냈다. 그는 절제의 훈련을 통해 자기 주변을 텅 비게 만들었다. 나는 한창 업종

변경 중이던 기묘한 어느 지방 서점을 기억한다. 그곳의 주인은 거의 4만 권에 달하는 장서를 보유한 서점업을 그만두려고 책들을 처분할 방법을 모색하고 있었다. 그는 내가 상자들 안에서 책을 고르게 해주었고, 그가 사랑하지만 처분하려 하는 책들을 내가 팔에 가득 안고 있는 것을 보고 눈을 빛내며 행복해했다. 《언덕 위의 집》, 《언덕 위의 악마》, 《여자들끼리》, 《달과 불》, 시집 《죽음이 다가와 당신의 눈을 가져가리》…. 1948년에서 1950년까지 파베세는 자신의 책들을 사람들에게 나눠주었다.

우리는 산토 스테파노 벨보에서 파베세 재단으로 우회했다. 인적 없는 조용한 박물관에서 상심해 있는 직원 두 명을 발견했다. 우리가 도착하자 그들의 눈빛이 밝아졌다. 그들은 영수증을 내주었고, 그중 한 명이 우리에게 그곳에 대해 설명해주었다. 그 여자 직원은 아마도 심혈관계 질환을 겪은 뒤 복귀한 듯했다. 걷는 것이 힘겨워 보였고, 한쪽 발을 끌었으며, 입이 일그러지고 말이 자꾸 끊겼다. 그녀는 평일 아침에 이 재단을 잠에서 깨우러 온 호기심 많은 두 젊은이에게 줄곧 미소를 지었다.

미디어 자료관, 생태 박물관, 시市의 소장품이 혼합된 박물관과 작가의 집에는 감동적이고 알 수 없는 무언가가 있었다. 그곳에서 우리는 한 남자의 삶에 대한 약간 강제적이지만 친절한 예속을 발견했는데, 그 순진한 헌신은 호기심을 불러일으키는 캐비닛이나 작은 제단을 닮은 방들에서 드러났다. 유리 상자 안에는 사소한 일상용품들이 먼지에 덮인 채 모여 있었다. 그곳에서 담배 파이프들과 안경, 그리고 손편지들을 발견할 수 있었다. 거기에는 파베세의 옛 판본들과 그가 좋아하는 미국 작가인 월트 휘트먼, 셔우드 앤더슨의 책도 있었다. 흑백의 이미지들이 스쳐 지나가는 어두운 방에서는 타자기 딸깍거리는 소리로 리듬이 부여된, 텍스트 낭송하는 목소리가 들렸다. 나는 그 박물관에서 가장 소중한 또 다른 방에 허탈한 마음으로 오랫동안 머물렀다. 그 방에는 파베세가 자살하기 전 첫 페이지에 다음의 마지막 말을 적은 《레우코와의 대화》가 전시되어 있었다. "모두를 용서하고, 모두에게 용서를 구합니다. 됐나요? 너무 많은 험담을 하지 마세요." 글자 하나하나를 읽을 때마다 시선이 자꾸 어그러졌고, 나는 그 깔끔하고 완벽한 필체 속, 흔들림 없이 찬찬히 새겨진 작은 잉크 자국들을 헤아렸다. 검은 피부의 여자는 파베세의 발자취를 따라 만든 사진 시리즈를 보기 위해 나를 혼자 두고 자리를 떴다. 토리노, 브란칼레오네, 랑게의 대로를 찍은 사진에는 설명글이 달려 있었다.

마침내 우리는 해야 할 일을 하러, 시인의 무덤 앞에서 묵상을 하러 갔다. 무덤은 시인의 생가에서 멀지 않은 산토 스테파노 벨보 묘지 입구에 위치해 있다. 그곳에는 시골 묘지의 매력과 평온함이 있었지만, 이탈리아에서 맞닥뜨리는 음산한 면도 있었다. 유골 단지들이 촛불로 밝혀져 있고, 고인의 초상화 밑에는 날짜가 이탤릭체로 새겨져 있었으며, 햇빛 가득한 분홍색 돌 위에는 담쟁이덩굴이 뻗어나가 있었다. 금속판에 그의 이름이 새겨져 있었다. 체사레 파베세, 1908~1950. 그리고 그의 일기의 마지막 문장 중 하나인 "나는 사람들에게 시를 주었다"도. 그의 생가 벽에 부착된 기념 명판에는 1950년 8월 16일의 일기가 인용되어 있었다.

> 나는 공적 역할을 완수했다. 내가 할 수 있는 일을 다 했다. 나는 일했고, 사람들에게 시를 주었고, 많은 사람의 고통을 함께 나누었다.

이 기념 명판을 만든 사람, 즉 그의 고향 사람들이 그것에 서명했다.

파베세는 사망하기 1년 반 전인 1949년 초에 처음으로 랑게에 작별 인사를 했다. "맑고, 깨끗하고, 날카로운 밤이네요. 예전에는 이런 것이 내 감각을 흥분시키곤 했죠. 하지만 이제는 아닙니다. 그걸 느끼려면 애써 떠올리고 '그때와 같구나'라고 나 자신에게 말해야 합니다. 그런

데 그러고 싶은 마음, 나 자신에게 강요하고 싶은 마음이 더이상 나를 사로잡지 않습니다. 그건 영원한 불안, 이미 일어난 일, 임박한 재앙에 대한 신경증 때문일까요? 나이 탓, 내가 다소간 성취한 명예와 안정감 때문일까요? 사실 나를 감동시키고 흔드는 유일한 것은 자연의 마법, 언덕에 고정된 제 시선입니다."

그는 어린 시절 침실의 문을 조심스럽게 닫았다. 그는 다시는 그곳에 들어가지 않을 것이다. 1949년 2월 8일, 그는 "산토 스테파노 벨보에서"라고 신경 써서 밝히면서 다음과 같은 고통스러운 관찰을 기록했다.

영광이 기분 좋은 것이 되려면 죽은 사람이 다시 살아나야 하고, 늙은 사람은 다시 젊어져야 하며, 멀리 있는 사람들이 돌아와야 할 것이다. 우리는 작은 틀 속에서, 우리에게는 세상과 같은 친숙한 얼굴들 사이에서 그것을 꿈꾸었다. 그리고 이제 우리가 성장한 만큼, 우리는 그 틀 속에서 우리의 일과 우리의 말이 반영되는 것을 보고 싶다. 그들은 사라졌고, 흩어졌으며, 죽었다. 그들은 다시 돌아오지 않을 것이다. 그래서 우리는 절망한 채 주위를 둘러보고, 우리를 무시했지만 우리를 사랑했고 우리로 인해 놀라움을 느꼈을 그 틀을, 그 작은 세상을 복구하려고 노력한다. 하지만 그 세상은 더이상 존재하지 않는다.

그는 그 일을 실행에 옮기기 몇 주 전인 1950년 7월 8일 토요일부터 7월 10일 월요일까지 이틀을 산토 스테파노 벨보에서 보냈다. 그는 친한 친구인 도리스 다울링Doris Dowling에게 보낸 6일 자 편지에서 이 마지막 귀향 동안 사람들이 그를 가만히 내버려두게 해달라고 부탁했다. 고향을 방문할 거라고 환기하면서, 그 외의 다른 방문은 없을 거라고 괄호 안에 넣어 쿤명히 말했다.

그날들 동안 나에게 전화하지 말아요.

2부

Hotel Roma

그냥 연애였을 뿐

피에몬테로의 우리의 탈주는 점점 긴 간격을 두고 이어지다가 끝났다. 나는 프랑스로 돌아갔다. 나는 그녀 근처에 살았고, 토리노는 우리에게 비밀로 남았다. 토리노는 애정이 느껴지는 어떤 곳이 되었다. "토리노는 우리이고 태양이야." 1월의 어느 날 저녁, 파리 지하철에서 검은 피부의 여자가 말했다. "그곳은 놀라워. 그 도시는 우리에게 영원할 거야."

"그래, 영원히."

나는 사랑에 대한 내 약속들이 자랑스럽지는 않았지만, 거기서는 속이지 않았다. 우리가 포 강 유역에 있는 그 도시를 친구들에게 얼마나 여러 번 권했던가. 그들을 그곳으로의 여행에 초대하는 것은 너희도 그곳에 가서 서로 사랑하라는 의미였다. 이렇듯 추억이 너무나 강렬해서 그곳에 가면 사랑을 회복할 수 있는 곳도 분명 있을 것이다. 토리노는 우리의 요새가 될 것이다. 그곳은 난공불락이었다.

여성에 대한 사랑은 파베세의 큰 비극이었다. 그의 일기와 시, 스무 살에 쓴 시에서 말년 무렵의 시에 이르기까지, 그 사랑은 그의 모든 것을 관통했다. 세상을 떠나던 해에, 그는 어느 멋진 미국 여자 때문에 완전히 고갈되었다. 그녀의 이름은 콘스턴스 다울링이었고, 그는 주세페 데 산티스Giuseppe De Santis 감독의 〈쓰디쓴 쌀〉 촬영장에서 처음 그녀와 그녀의 여동생 도리스를 만났다. 〈쓰디쓴 쌀〉은 포 강 유역의 논에서 일하는 일용직 여성 노동자인 몬디네mondine를 다룬 신사실주의적 영화다. 도리스 다울링은 실바나 망가노Silvana Mangano와 함께 그 영화에 출연했다. 콘스턴스와 도리스 자매는 몇 년 전 영화계에서 경력을 쌓기 위해 이탈리아로 이주했다. 그 작은 무리는 1950년 새해 전날을 로마에서 파베세의 친구들과 함께 보냈다. 파베세는 영어를 완벽하게 구사했다. 그러니 그가 그 미국인 여성들과 함께 하는 것은 바람직했다. 파베세는 그들과 대화하고 통역가 역할도 해주는 좋은 친구였다.

'코니'는 로마의 역사 지구에서 마주칠 수 있는 미국인 관광객의 얼굴을 하고 있었다. 그녀의 흑백 사진들에서 둥글고 도드라진 광대뼈, 하얗고 윤기나는 피부에 긴 금발 머리, 매혹적이고 자신감 넘치는 눈빛을 볼 수 있다. 그녀는 미국에서 엘리아 카잔[35]과 열정적인 연애를 했다. 엘리아 카잔은 자서전 《인생》에서 그들의 환상적인 연애와 뉴욕 아트 홀의 무대 뒤, 그리고 고층 빌딩 옥상에서 있었던 섹스 파티들에 대해 이야기했다. 카잔은 그녀를 이탈리아 르네상스 시대의 그림에서 튀어나

---

35) Elia Kazan(1909~2003), 미국의 영화감독.

온 인물처럼 흠모했다. 그리고 파베세도 그녀를 자신의 어떤 소설에서 상상했던 해방된 여성으로 여겼을 것이다. 코니는 도시 화가들의 누드 모델이자 아름다운 사람들 사이에서 흔히 볼 수 있는, 《아름다운 여름》속 아멜리아가 아니었을까? 기니아처럼 파베세도 콘스턴스의 아름다움에 사로잡혔다. 로마에서의 새해가 지나고 몇 주 후, 파베세는 겨울 스포츠의 성지인 눈 덮인 마터호른 산기슭에서 그녀와 사랑에 빠졌다. 파베세는 세티마나 비앙카, 이탈리아어로 '하얀 일주일'이라는 뜻인 스키 휴가에 동행해달라는 제안을 받았다. 그리고 그러기로 마음먹었다. 하지만 그해의 시작은 좋지 않았다. 1월 중순의 일기에서 파베세는 다음과 같이 한탄했다.

> 그리고 삶은, 사랑은 어디에 있을까? 나는 어느 정도 낙관주의를 유지한다. 나는 삶을 비난하지 않으며, 세상이 아름답고 위엄 있다고 생각한다. 하지만 나는 넘어졌다.

그리고 한 달 후인 2월 15일에는 이렇게 썼다.

> 그들은 왁자지껄한 식사 자리, 파티, 서로를 만나는 것에 대해 이야기한다…. 좋은 친구들, 여자 친구들, 건강하고 좋은 사람들. 욕망이나 후회조차 느껴지지 않는다. 다른 일이 급하다.
> 인생이란 얼마나 사소한 것인가….

3월 체르비니아에서의 어느 날 아침, 분위기가 변했다. 파베세는 코니와 격렬한 토론을 벌이며 사흘 동안 밤을 새운 뒤, 침대에서 잠을 깼다. 그는 그 미국 여자의 연인이 되었고, 수년간의 금욕 생활 후에 오르가슴의 쾌락, 즉 육체적 사랑과 욕망의 충족이 가져다주는 자신감을 다시 발견했다. 그의 심장이 누군가를 향해 다시 뛰기 시작했다. 영원히 포기했다고 생각했던 열정이 그에게 활기를 가져다주었다. "내 나이에 이것이 가능할까?" 3월 9일에 그는 궁금해했다. 파베세는 마터호른의 눈 속에서 다시 태어났다. 끝이 없던 겨울이 그의 안에서 죽어가고 있었다. 빠르게 흘러간 그 하얀 날들 중에서 어제 찍은 듯한 예쁜 커플 사진 한 장이 남았다. 마치 눈이 사진 속 시간을 덮어버리고 결국 그 시간을 지워버린 듯했다. 그들의 검은 실루엣이 하늘과 땅이 만들어낸 눈부신 하얀빛 속에서 두드러져 보였다. 그들은 웃지 않았다. 코니는 눈을 내리깔고 있고, 파베세는 밝은 빛 때문에 눈 뜨기가 불편해 보인다. 코니는 두꺼운 니트 코트로 몸을 포근하게 감싸고 있고, 파베세는 베이지색 머플러를 목에 되는대로 두르고 있다. 그들은 몸이 서로 닿지는 않았지만 같은 곳을 향해 걷고 있는 듯 보인다. 3월 16일의 일기에 그는 이렇게 썼다.

> 그 걸음은 끔찍했다. 하지만 이미 행해졌다. 그녀의 믿을 수 없는 달콤함, 희망의 말. 사랑하는 사람, 나와 함께 있는 기쁨으로 인해 오랫동안 반복된 미소. 체르비니아의 밤들, 토리노의 밤들. 그녀는 어린아이, 평범한 어린아이이다. 하지만 정말로— 멋지다. 마음속 깊은 곳에서 생각하면 나는 이렇게 많은 것을 받을 자격

이 없다.

애정에 대한 그의 욕구가 마침내 충족되었다. 낯선 여자가 그에게 사랑스러운 눈빛을 보냈다. 그녀는 그를 높이 평가했다. 파베세의 마지막 봄은 겨우 한 달 정도 지속되었지만 정열의 계절이었다. 그는 죽음에 대한 충동을 일시적으로 제쳐두었다. 심지어 시나리오 집필에 몰두하며 새로운 형식을 모색했고, 젊은 여배우 콘스턴스에게 어울릴 배역을 집필하는 꿈에 빠져들었다. 도리스는 이미 빌리 와일더 그리고 조지 마셜과 함께 영화 촬영을 했지만, 콘스턴스는 아직 진정한 경력을 시작하지 못하고 있었다. '두 자매'라는 제목의 시나리오 초안이 3월 말에 로마에 전달되었고, 파베세는 코니에게 첫 번째 연애편지를 보냈다.

> 당신에 대해 생각하는 것은 가치 없고 너절한 기억이나 개념이 아닙니다. 사랑해요.
> 친애하는 코니, 나는 이 단어의 무게를 알고 있습니

다. 두려움 그리고 경탄 말이에요. 하지만 거의 평온한 마음으로 말씀드립니다. 나는 내 인생에서 이 단어들을 거의 사용하지 않았고, 사용했다 해도 너무 형편없이 사용했기 때문에 나에게는 새롭게 느껴져요.

같은 시기인 3월 11일부터 4월 11일까지, 파베세는 〈죽음이 다가와 당신의 눈을 가져가리〉라는 시를 쓰기 시작했다. 시적 고갈의 마지막 연습이었던 'C가 C에게 보내는 편지', 즉 체사레가 콘스턴스에게 보내는 편지는 라마르모라 가도의 사무실에서 사적으로 쓴 11편의 시를 모은 것이다. 이 시들은 그의 자살 직후에 발견되었고, 그가 실연으로 인한 절망 때문에 자살한 듯하다는 조심스러운 언급과 함께 출판되었다. 그런데 실연이 행동에 착수하는 시간을 앞당겼을지는 몰라도 주요한 동기는 아니었다. 파베세는 자살 충동을 저주처럼 내면에 품고 있었다. 파이프나 안경처럼, 자살도 그의 소유였다. 《죽음이 다가와》에서 코니는 언덕, 포도밭, 과일, 산들거리는 풀, 아침 바람이 되었다. 그녀는 가능한 땅이 되어갔다. 이 시들은, 불균형하고 덧없는 관계의 희미한 번득임 그리고 다가올 죽음에 비추어볼 때, 이제는 슬퍼 보인다. 사실 나는 그렇지 않다고 생각한다. 《죽음이 다가와》에 나온 시를 복사해서 사랑하는 사람에게 보내도 나쁜 징조로 보이지는 않을 것이다. 쉰 목소리의 거인 비토리오 가스만[36]이 황혼 무렵에 이 시들을 낭송했다.

콘스턴스와 함께 그의 인생의 모든 여자들이 깨어났다가 영원히 사라졌다. 결코 온전한 하나가 되지 못했던 이 관계, 이 '연애'는 아마 도미니크 페르난데스[37]가 "파베세의 실패"라고 부른 것을 상징할 것이다. 성급함 탓에 그는 결코 여자를 만족시키는 방법을 알지 못했을 것이다. 그의 엄청난 콤플렉스는 의심의 여지 없이

---

[36] Vittorio Gassman(1922~2000), 이탈리아의 영화배우 겸 영화감독.
[37] Dominique Fernandez(1929~), 프랑스의 작가. 피에르 파올로 파졸리니에 대한 소설로 공쿠르 상을 수상했고, 2007년에는 아카데미 프랑세즈 회원으로 선출되었다.

"부조리한 악덕"과 연결되어 있었다. 마치 죽음과 섹스가 같은 재료로 만들어진 것처럼 말이다. 나는 1945년 12월 7일 자 일기에서 시사하는 바가 큰 메모를 발견했다. 파베세는 근본적인 장애물인 '그것'에 대해 환기하고, 그의 최근 관계들과 관련된 이름을 제시했다.

> 티나, 페르난다 그리고 비앙카를 나란히 떠올리며 고민한 게 벌써 두 번째야. 신화적 귀환이지. 일어난 일은 그대로 존재할 거야. 더이상 사면은 없어. 당시 너는 37세였고 모든 조건이 우호적이었어. 너는 실패를 향해 가고 있어.

그리고 좀 더 뒷부분에는 이런 내용이 있다.

> 네가 혼자라는 걸 알고 있니? 네가 아무것도 아니라는 걸 알고 있어? 그래서 그녀가 너를 차버렸다는 걸 알고 있어? 말하는 게 뭔가 도움이 될까? 이런 말을 하는 것이 뭔가에 쓸모가 있을까? 이미 알고 있잖아,

아무짝에도 소용없어. 그렇다면 그녀는 왜 폐결핵 환자에게 관심을 갖는 걸까? 섹스 때문에, 섹스, 섹스. 오, 파베세.

로마로 돌아간 후 코니는 더이상 그에게 소식을 전하지 않았다. 파베세가 편지를 보냈지만 답장이 없었다. 그 관계는 실패할 것이 분명해 보였다. 파베세가 더이상 그것을 진짜로 믿지 않으면서 그곳을 향해 가고 있다는 느낌마저 들었다. 어쨌든 나쁘게 끝날 것이다. 일기처럼 각 페이지에 날짜가 적혀 있는 이 짧은 시집 중 〈마지막 블루스, 언젠가 읽히기를Last blues, to be read some day〉이라는 마지막의 간결한 시는 그가 로마의 어느 호텔 로비에서 코니를 절박하게 기다리며 쓴 듯하다.

그건 단지 게임이었어
너는 그걸 잘 알고 있었지
누군가는 매우 오래전에

상처를 입었어.

하지만 아무것도 변하지 않았지
시간은 흘렀어
어느 날 네가 왔어
어느 날 너는 죽을 거야.

그리고 매우 오래전에
누군가 죽었어
원했지만
알지 못했던 누군가가.

 1950년 4월 11일, 파베세는 이 시를 통해 코니와의 관계를 단념해버렸다. 그건 단지 게임이었고, 가벼운 연애일 뿐이었다it was only a flirt. 4월 27일 《달과 불》이 나왔을 때, 첫 페이지에 다음과 같은 새로운 헌사가 실렸다. "C에게/무르익는 것이 중요해For C./Ripeness is all." 코니는 5월에 혼자 뉴욕으로 떠났고, 그후 그들은 다시 만나지 못했다. 1950년 5월 19일, 그는 그녀에게 마지막 편지를 보냈다. 매우 아름답고 오히려 평화로운 편지였다. 서두가 짜증스러웠음에도 불구하고 말이다. "친애하는 코니, 싫은 것에 대해 이야기해봅시다. 나는 대서양을 싫어해요." 새로운 논쟁이 바다에 대한 그의 오랜 원한을 더욱 키웠다. 신문에 실린 추모 기사를 읽고 그가 죽었다는 사실을 알게 된 코니는 "그 사람이 그렇게 유명한 작가인 줄 몰랐어요"라고 말했다고 한다. 배우로서의 경력을 쌓는 데 실패한 그녀는 5년 뒤 한 영화 제작자와 결혼했다. 그리고 49세의 나이에 로스앤젤레스에서 심장마비로 사망했다. 최근 뉴욕의 전직 은행가이자 파베세와 미국에 관한 진지한 책을 쓴 사람이 도리스 다울링의 아들이 그에게 털어놓은 말을 반복해서 전했다. 그리고 코니의 친아들이 그 증언이 사실임을 확인해주었다. 1969년 10월 28일, 그녀는 치사량의 수면제를 삼킨 후 심장이 멈췄다고 말이다.

'파베세에게 아름다운 여름'

"내일 아침 로마로 떠납니다. 내가 이 말을 몇 번이나 더 하게 될까?" 1950년 6월 23일, 파베세는 스트레가 상을 받기 위해 로마로 갔다. 그런 영예는 멋진 일이었다. 문학계에서 한 번도 수상한 적 없는 작가에게 주는 상이었다. 파베세는 항상 훌륭한 2등이었다. 그가 최고의 상을 받지 못한 채 떠나도록 놔둘 순 없었을 거라고 말하는 건 당치 않은 일일지도 모른다. 파베세가 그 일을 실행에 옮기기 딱 두 달 전, 그의 작품 《아름다운 여름》이 플로라 볼피니Flora Volpini라는 작가를 앞지르고 마지막 투표에서 승리했다. 같은 날 저녁 볼피니는 들을 생각이 있는 모든 사람에게 자신이 해외에 저작권을 판매한 덕분에 이미 스트레가 상 상금의 두 배인 50만 리라를 벌었다고 말했다. 쿠르치오 갈라파르테Curzio Malaparte의 《피부》는 4위를 차지했다. 나는 당시 신문들에 실린 만평을 샅샅이 찾아 읽었다. 8월 27일에 발생한 그의 자살을 보도한 기사들까지 말이다. 스트레가 상에 관한 소식은 짧고 간단한 기사들로 이어졌다. 토리노의 일간지 〈라 스탐파〉만이 그 지역 출신 소년에 대한 그 인정을 자랑스러워하며 한층 더 감정을 실어 보도했다.

6월 24일 토요일, 파베세가 호텔 방에 틀어박혀 새로운 번역 작업을 하고 있는데 사람들이 그를 데리러 왔다. 그들은 그를 차에 태우고 시스티나 거리로 가서 시상식에 참석하게 했다. 그는 마지막 순간에 도착했다. 도리스 다울링이 그와 동행했다. 그녀는 사교계 사람들 사이를 여유 있게 돌아다녔고, 그가 두려워하던 그 시간 동안 그에게 의지가 되어주었다. 이날 저녁에 찍힌 가장 유명한 사진은 도리스와 파베세가 술잔을 손에 든 채 농담을 나누는 사진이다. 녹색 개버딘 재킷 차림의 파베세는 스트레가 상 심사위원장 마리아 벨론치Maria Bellonci의 권유에 따라 의자 위에 올라섰다. 그는 몇 초 동안 그 자리에 머물렀다. 훌륭한 책들은 상을 받지 못한다는 구실을 대며 패배자들 앞에서 사과하는 시간이었다.

당시 지역 작가로 치부되던 파베세는 그즈음 토리노의 패션계와 살롱에 대한 글을 쓰기 시작한 참이었다. 그는 미국 여성 배우들과 어울리며 살았고 출판계에서 가장 주목하는 상을 받았다. 며칠 뒤 〈라 스탐파〉의 한 기자가 농담처럼 '파베세와 세속성'이라는 제목의 기사를 냈다. 누군가 이것을 지적하자 파베세는 이렇게 대답했다. "인생은 마흔 살에 시작됩니다…." 파베세는 시간을 초월해서 멈춘 그런 날들을, 환경의 늦은 축복을, 그 "의심의 여지 없는 기쁨"을 누렸다. 그는 관심의 중심이 되었다. 신중하고 부지런한 남자, 호텔 바에서 마시는 칵테일보다 어두운 식당에서 마시는 바르베라 와인에 더 익숙한 남자에게는 예외적인 일이었다.

6월 27일, 그는 코니가 뉴멕시코에서 보내온 엽서를 받았다. 그녀는 자신의 여행이 결코 끝나지 않을 거라고 말하고 그의 소식을 물었다. 그뿐이었다. 그 엽서는 그의 마음을 감동시켰지만, 동시에 그는 코니가 돌아오지 않을 거라는 걸 깨달았다. "나의 운명은 그림자를 끌어안는 것입니다." 7월 6일, 그는 도리스에게 보낸 편지에 이렇게 쓰며 아름다웠던 로마 시절에 관심을 기울여준 것에 대해 감사를 표했다. 그의 일기는 어떤 평화에 대한 조용한 증언처럼 22일 동안 침묵 속에 머물렀다. 7월 8일 주말 산토 스테파노 벨보에 머무는 동안 그는 한 줄도 쓰지 않았다. 《삶의 기술》은 14일 토리노에서 다시 시작되었다. "얼마 전 로마에서 돌아왔다. 로마에서는, 신격화. 그다음에는? 우리는 여기에 있다. 모든 것이 무너지고 있다."

스트레가 상 수상식 다음 날, 한 신문은 그해 여름이

8월 27일에 끝날 거라는 사실을 깨닫지 못한 채, 시청에서 있었던 저녁 행사를 기록한 기사를 '파베세에게 멋진 여름'이라는 제목으로 게재했다.

*

자살 성향을 가진 사람들은 두려움에 사로잡힌 존재일 것이다. 죽음을 피한 사람들은 항상 궁지에서 벗어났지만, 정말로 죽음을 선택한 사람들은 빨간불일 때 길을 건너지 않도록 조심했다. 파베세는 이미 1938년 1월 8일 자 일기에 이것을 기록했다. 당시 그는 29세였는데, 《삶의 기술》이 출간된 이후로 파베세는 나이를 먹지 않는 사람처럼 보였기 때문에 나이는 그다지 중요하지 않았다. 첫 페이지와 마지막 페이지 모두에 동등한 성숙함이 배어나 있다. 그는 이렇게 썼다. "(…) 계속 자살을 원한다는 것은 자신의 죽음이 의미를 갖기를, 그것이 최고의 선택이며 그 나름의 독특한 행위가 되기를 원하는 것이다. 그러므로 자살을 시도하는 사람이 실수로 차에 치이거나 폐렴으로 죽거나 그만큼 의미 없는 meaningless 어떤 일을 당할 수 있다는 생각을 견딜 수 없는 건 당연하다. 그러니 교차로와 외풍에 주의해라."

이렇듯 파베세는 별일 없는 삶에 대한 고집스러운 의지와 용감한 최후의 행위에 대한 확신 사이에서 모순을 드러냈다. 그는 소란 없이 갔다. 탁월한 미국 문학 전문가이자 대서양 건너편의 지성적 활동을 날카롭게 관찰하는 사람으로서, 그는 1950년 4월 1일 프랜시스 오토 마티센Francis Otto Matthiessen의 죽음을 무시할 수 없었다. 문학평론가이자 미국학계의 유명인사이며 하버드 대학교 교수였던 마티센은 48세의 나이로 보스턴의 어느 호텔 12층에서 투신 자살했다. 같은 날 오후 그는 그 호텔에 방을 예약했는데 그 방에서는 다음과 같은 메모가 발견되었다. "나는 세계의 상황 때문에 우울하다. 나는 기독교인이자 사회주의자다. 나는 그 목적을 방해하는 모든 질서에 반대한다. 나는 매사추세츠주 스프링필드에 계신 어머니 옆에 묻히고 싶다."

마티센의 자살이 파베세의 자살을 재촉했을 가능성도 있을까? 이런 종류의 추측은 시간을 들여 수고할 가치가 없다. 그러나 당시 세계를 지배했던 정치적 분위기와 한국에서 새로운 전쟁이 발발할 것이라는 위기감이 절망에 빠진 사람들을 더욱 슬픔으로 몰아넣었을 수도 있다. 7월 14일, 파베세는 일기에 이에 대한 염려를 표현했다.

> 금욕주의는 자살 행위이다. 게다가 전선에서 다시 사람들이 죽기 시작했다. 평화롭고 행복한 세상이 온다면, 그 세상은 이런 것들에 관해 어떻게 생각할까? 아마도 우리가 식인종, 아즈텍의 희생제, 마녀 재판에 대해 생각하는 것과 같을 것이다.

죽음을 선택하고 "부조리한 악덕"을 작품 속에 보존한 작가들을 생각해보면, 파베세의 자살은 나로 하여금 자연스럽게 스티그 다게르만[38]의 자살을 떠올리게 한다. 그의 책 《위로에 대한 우리의 욕구는 충족될 수 없다》는 파베세의 책들이 나를 사로잡은 것과 같은 이유로 내 침대맡 책들 중 하나였다. 그것은 애통해하는 작가의 용기 있는 작품이다. 새로운 프레드 바르가스[39)]를 찾으러 온 손님에게 톨스토이, 릴케, 그리고 로베르트 발저[40)]의 책을 추천한 안시의 젊은 서점 주인이 그 책을 나에게 정성껏 건네주었다. 그는 내가 아무런 위험도 무릅쓰지 않는다는 걸 느꼈을 것이다. 게다가 다게르만의 글은 《삶의 기술》처럼 자살에 대한 변명이 아니었다. 그 반대였다. 그 글은 한계에 다다른 사람을 위한 지침서였다. 그의 도덕적 힘은 모범적이었다.

다게르만에게는 후천적 슬픔, 즉 삶에 대한 욕구와 공존하는 절망이 있었다. 실존적 자유와 절대성에 대한 갈증, 이상理想과 타협하지 않고 나쁘게 끝나는 삶을 선택하는 것에 대한 갈증. "하지만 우울증은 러시아 인형

---

38) Stig Halvard Dagerman(1923~1954), 스웨덴의 소설가·극작가.
39) Fred Vargas(1957~), 프랑스의 역사학자·고고학자이자 추리소설가.
40) Robert Walser(1878~1956), 스위스의 시인·소설가.

과 같고, 마지막 인형 안에는 칼, 면도날, 독, 깊은 물, 커다란 구덩이로의 추락이 존재한다. 결국 나는 이 모든 죽음의 도구의 노예가 되었다. 그것들은 개처럼 나를 따라온다. 그 개가 내가 아니라면 말이다. 내 생각에는 자살이 인간에게 자유가 있다는 유일한 증거 같다."

파베세보다 4년 뒤, 그는 31세의 나이에 차고에서 질식사로 자살했다. 절망 속에서 하나가 된 이 둘은 병적인 감정을 더하려고 나에게 온 것이 아니었다. 비겁한 자기 만족. 이것이 이 연약한 거인들의 강점이었다. 그들은 생명을 준 뒤 죽음을 선택했다. 다게르만으로부터 나는 소박하면서도 경이로운 위안을 배웠다. "(…) 사랑하는 사람과의 만남, 피부 어루만지기, 중대한 순간의 도움, 달빛의 모습, 범선을 타고 하는 바다 나들이, 아이에게 주는 기쁨, 아름다움 앞에서 느끼는 떨림, 이 모든 것이 완전히 시간을 벗어나서 펼쳐진다. 내가 아름다움을 만나는 순간이 잠시이건 백 년이건 별로 중요하지 않기 때문이다. 지복은 시간 바깥에 있을 뿐만 아니라, 시간과 삶 사이의 모든 관계를 부정한다."

 어렸을 때 나는 집 창문을 통해 이웃 건물의 지붕 위에 밑으로 떨어지려고 하는 사람의 실루엣과 비슷한 이상한 굴뚝이 있는 것을 보았다. 나는 사촌과 함께 농담을 했다. "와, 저 사람 떨어질까, 아닐까? 결심한 걸까?" 내 사촌은 집에 들어와 거실 창문 앞을 지나갈 때마다 양손을 주머니에 찔러넣은 채 놀란 척하며 "어라, 저 사람 아직도 저기 있네?"라고 말했다. 당시 우리는 열다섯 살도 되지 않았는데 자살을 조롱하고 있었다. 우리가 죽음을 가지고 농담을 한 건 아닐 것이다. 하지만 자살은 또 다른 문제였다. 일종의 어리석음, 충동적이고 어리석은 행동이었다. 마치 밤을 보내고 다음 날까지 기다리기만 하면 마음이 바뀌는 것처럼 말이다. 다게르만과 파베세는 이런 어린 시절의 환상처럼 파멸로 접어드는 사람들이었다. 자살한 또 다른 시인 티에리 메츠Thierry Metz도 생애 말년에 《파멸로 접어드는 남자》라는 내면 일기를 썼다. 그들은 지붕 위에 머무른 채 뛰어내리지는 않을 수도 있었다. 그들이 그 굴뚝일 수도 있었다. 우리는 일이 벌어진 후에야 각 사람의 삶을, 40년의 인생을 놀랍도록 선명하게 보고 읽으려 한다. 그러나 그건 불가능하다. 다게르만과 파베세는 우리가 이해하지 못하는 그들만의 길을 갔다. 그들만의 기쁨과 고통, 생의 약동, 죽음의 충동을 갖고 있었다. 그리고 나는 만약 자살이 처음부터 파베세의 작품에 영향을 미쳤다면, 실제로 그런 일이 일어났다면 그가 명대로 살 수도 있었을 거라고 내심 확신했다. 모든 저주가 완수된 건 아니었다. 숙명은 존재하지 않았다. 우리는 자유로웠다. 파베세는 그의 마지막 해 1월의 어느 날 이렇게 썼다. "우리는 운명을 자유로(그리고 자연을 인과성으로) 변화시키기 위해 세상에 왔다."

마지막 바다

 이제 나는 파베세의 마지막 여름에 관해, 스트레가 상 수상 이후 로마 호텔에서의 아침까지의 일들을 진지하게 조사하기로 했다. 나는 혼자 일했고, 검은 피부의 여자는 파베세가 그녀의 일상에 끼어들 때마다 나에게 메시지를 보내왔다. 나는 그녀를 뱀파이어로 내 탐구에 참여시켰다. 그녀는 난니 모레티[41]의 최신 영화를 보았고, 프랑스인들이 무척 좋아하고 로마인들이 싫어하는 그 이탈리아 영화감독을, 그의 느리고 찌푸린 발성법과 마치 우리가 엄청 바보인 것처럼 단어들을

---

[41] Nanni Moretti(1953~), 이탈리아의 영화감독이자 영화 프로듀서·각본가·배우.

한 글자씩 더듬거리며 말하는 방식을 따라했다. "체에에에-사레에에에 파베-세 에 모오오르토 페르-케 노오오이 임-파라-시모오오 아 비베레Ceeee-sareeee Pavese è mooorto per-ché noooi im-para-ssimooo a vivere" 체사레 파베세는 우리가 살아가는 법을 배울 수 있도록 죽었습니다. 그는 이탈로 칼비노의 말을 인용해 이렇게 말했다. 또 그녀는 모리스 피알라[42)]의《우리는 함께 늙지 않을 것이다》에서 발췌한 글을 나에게 보내왔다. 끔찍한 장 얀은 차 안에서 잡지를 읽으며 마를렌 조베르를 기다린다. 그녀가 그의 옆에 앉자 그는 갑자기 그녀에게 파베세의 '마지막 편지'에서 발췌한 한 단락을 읽어 준다. "내 사랑, 내가 여자와 함께 잠에서 깨어난 적이 한 번도 없다는 걸, 내가 사랑했던 여자들이 나를 진지하게 여긴 적이 없고 나는 만족한 여자가 남자에게 보내는 인정의 눈빛을 알지 못한다는 걸 너에게 말해도 될까?"

---

42) Maurice Pialat(1925~2003), 프랑스의 영화감독.

"여자들은 소야." 장 얀이 잡지를 덮으며 투덜거렸다. 마를렌 조베르는 이렇게 대꾸했다. "불평하면 안 돼요, 장. 당신은 운이 좋았고, 사랑받았어요…." 무너져 가는 연인 사이에 던져진 이 편지는 파베세가 불행한 사람들을 위해 봉사했음을 새롭게 증명해준다. 그들은 파베세의 일기와 서신을 이용해 자기들이 스스로 말하지 못하는 것을 표현하려 했다.

장 얀이 주장한 것과 달리, 이 편지는 파베세의 '마지막 편지'가 아니었다. 파베세는 8월 초 보카 디 마그라에서 그 편지를 보냈다. 보카 디 마그라는 리구리아와 토스카나 사이, 카라라 맞은편에 있는 그의 마지막 해변이었다. 앞서 그는 사보나 근처 바리고티에 있는 친구들인 루오타 집안 사람들 집에 잠시 들렀을 것이다. 사보나는 1948년 혹은 1949년 여름이 랄라 로마노[43]가 자신의 옆모습을 그린 가족 휴양지이다. 파베세가

---

[43] Lalla Romano(1906~2001), 이탈리아의 시인·소설가·저널리스트.

라틴어 과제물을 교정해준 친구 아들의 증언에 따르면, 그는 작은 여행 가방을 들고 재킷을 팔에 걸친 채 포르테 데이 마르미에 도착했다. 이런 일련의 휴가들은 작별의 순회 여행처럼 보일 수도 있다. 그 경로를 추적하기란 복잡했다. 파베세의 사망 10년 후에 출판된 그의 전기에서 다비데 라욜로는 보카 디 마그라에 대해서는 이야기하지 않았지만, 밀라노에 잠시 체류했던 일과 8월에 랑게로 떠난 새로운 여행, 친구 누토와 나눈 어두운 대화에 대해 언급했다. 다만 이 텍스트들은 논란의 대상이 되었다. 사람들은 라욜로가 많은 것을 꾸며냈다고 의심했다. 파베세는 매일 일기를 쓰지는 않았고, 일기에 자신이 지나간 장소들에 대해 길게 언급하지 않았다. 물론 그가 쓴 편지들이 있었지만 그 편지들이 모든 비밀을 토로하지는 않았다. 그는 어디서 편지를 썼을까? 정확히 며칠에? 7월 말과 8월 초는 모호하게 남아 있다. 우리는 적어도 그가 강 하구에, 보카 디 마그라에 머물렀고, 그곳에서 잘 알지 못하는 피에리나라는 소녀와 연애 관계가 있었다는 걸 확신했다. 파베세는 거의 절망에 빠져 그녀를 "내 사랑"이라고 불렀다.

  이 수수께끼 같은 소녀 피에리나의 정체는 1990년대 초반 로밀다 볼라티 디 생 피에르Romilda Bollati di Saint Pierre라는 여성이 자신이 파베세의 마지막 친구였다는 사실을 밝히면서 비로소 알려졌다. 그녀는 작가의 편지들을 제시했다. 파베세가 그녀에게 지어준 별명은 그녀의 이름 '디 생 피에르'에서 딴 것이었다. 조사를 계속하면서 나는 사교계에서 유명했던 이 여성이 카르파노 베르무트[44] 사社의 수장인 토리노의 사업가와 결혼했다는 사실을 알게 되었다. 그녀는 도시의 대저택에 살롱을 열어 사교계에서 각광을 받았으며, 2014년 82세의 나이로 사망했다. 사진들을 보면 그녀는 다치아 마라이니[45]를 조금 닮았다. 그녀는 매우 아름다웠다고 하며, 부고 기사들은 그녀를 파베세의 "마

---

44) 이탈리아에서 생산되는 와인 베이스의 식전주.
45) Dacia Maraini(1936~), 이탈리아의 작가.

지막 뮤즈"라고 소개했다. 그러니 내가 이 책을 조금 더 일찍 쓰기 시작했더라면 그녀를 알게 되고, 그녀의 이야기를 듣고, 한때 그의 마음을 사로잡았던 그 여성을 통해 이 비밀스러운 남자에게 접근할 수 있었을 것이다. 다시 한번 나는 증언들, 책, 기사, 인터넷에서 찾은 내용 들로 만족해야 했다. 수천 번 밟힌 곳에서.

"나는 보카에 갈 거야…." 파베세는 8월 초 피에리나에게 보낸 편지에 이렇게 썼다. 그 작은 해수욕장은 당시 이탈리아 문학계 인사들이 자주 찾는 곳이었다. 에이나우디 출판사와 봄피아니 출판사의 발행인 가족, 소설《쓰라린 인생》의 작가 루치아노 비안차르디, 이탈로 칼비노, 엘리오 비토리니[46], 시인 유제니오 몬탈레와 비토리오 세레니가 그곳에 있었다…. 마르그리트 뒤라스는 몇 번의 여름을 그곳에서 보내며 파베세의 소설《해변》에서처럼 행복한 나날을 보냈다. 아무것도 하

---

46) Elio Vittorini(1908~1966), 이탈리아의 소설가.

지 않고, 시시껄렁한 말을 지껄이고, 무엇인지 모르는 것을 기다리고, 쓴 캄파리를 마시고, 오후 2시에 레스토랑에서 모시조개 파스타를 먹었다. 뒤라스는 보카 디 마그라에서 영감을 얻어 소설 《타르퀴니아의 작은 말馬들》에 어느 해수욕장을 이름은 언급하지 않은 채 다음과 같이 묘사했다. "그곳은 바닷가의 작은 마을이었다. 세계에서 가장 폐쇄적이고 가장 뜨겁고 역사적으로 가장 우여곡절이 많은 오래된 서쪽 바다에 있었으며, 얼마 전 전쟁이 막 지나간 곳이었다." 나는 저녁 식사 후 그가 파이프 담배를 피우고 그녀는 궐련을 피우며 함께 산책하는 모습, 한 출판인 집의 그늘진 테라스에서 같이 식사하는 모습을 상상하며 뒤라스와 파베세가 만난 적이 있는지 알아보려고 애썼다. 유감스럽게도 그들은 만난 적이 없었다. 하지만 내 생각에 그들의 글은 모두 세심하게 정련되었고 작품에서 이야기와 소설이 뒤섞인다는 점도 비슷하다. 뒤라스의 형식주의는 무례한 비난이었다. 그의 경우와 마찬가지로 그녀의 경우에도 중요한 것은 소설 자체도, 소설의 형식이나 줄거리도 아니고 삶 그 자체였다.

이제 집이 필요해졌다. 더 깊이 조사하다 보니 파베세가 카 틸데에 묵었다는 사실을 알게 되었다. 녹색 덧문들이 달린 분홍색 집이었다. 마을 끝에 자리한 그곳에서는 선착장이 내다보였다. 카사 델라 틸데는 오늘날 호텔 웹사이트를 통해 이용할 수 있는 관광객용 숙소다. 독특한 전망, 환상적인 위치, 청결함을 압도적으로 칭찬하는 숙박객이 많았다. 교양과 유머 감각이 있는 인터넷 사용자라면, 그곳은 도시로 돌아가 자살하기 전 잠시 쉬기에 이상적인 장소라고 덧붙일 수도 있었을 것이다. 이를테면 다음과 같이 말이다. "절박한 편지를 쓸 수 있는 좋은 집이다. 기차를 타고 토리노로 가 역 근처 호텔에서 자살하기 전 잠시 버티기에 완벽한 곳이다. 보카에서는 파도가 영혼으로 향한다."

나는 파베세가 보카 디 마그라에 며칠 동안 머물렀는지 알지 못했고, 그가 거기서 실제로 무엇을 했는지도 몰랐다. 친구들의 기억과 이야기 속에서 과거의 여름들이 서로 뒤섞였다. 이 마지막 해변은 그가 피에리나에게 보낸 편지들에만 남았는데, 나는 그것이 중요하고 탁월하다고 생각했다. 파베세는 그곳에서 쇠약해지고 있었다. 그녀에게 편지를 쓰면서 그는 세상 전체에 편지를 썼다. 그는 실패자들, 미친 사랑에 거부당한 사람들을 대표해서 말했다. 아무도 "사랑해"라고 말해준 적 없는 한 남자의 비참함을 이해할 필요가 있었다. 그는 친구의 여동생에게 애정을 느꼈고, 자신이 결코 받지 못한 애정을 그녀에게 주었다. 그는 거의 알려지지 않은 이 18세 소녀에게 자신의 마음을 털어놓았다. 자신의 마지막 속내를 토로하기 위해 사춘기 후반의 순수함과 아름다움을 선택했다. "피에리나, 제발 사라지지 마—사랑해." 그는 28세 때 사랑에 대한 환멸과 세상에 대한 복수로 자살하고 싶었다고 그녀에게 말했다. 그때부터 그는 인생이 멋지다고 생각했지만, 세상과 결정적으로 단절되어 있었다. 행복으로부터 거리를 둔 채 그것을 온전히 자각하며 살아간다는 것은 공포 속에 사는 것을 의미했다. 다른 짧은 편지에 그는 그녀를 향해 이렇게 썼다. "친애하는 피에리나, 춤추는 너의 몸짓 하나하나는 내 인생에서 하루가 줄어드는 것과 같아. 나에게는 남은 날이 얼마 없어. P." 보카 디 마그라에서 파베세는 카운트다운에 돌입했다. 모래시계가 뒤집혔다. 그 안에는 3주 동안 버틸 양의 모래가 들어 있었다. 나는 파베세의 가여운 삶에서 가장 잔혹했던 것은 들고양이의 죽음 같았던 그의 죽음이 아니라고 확신했다. 더 잔혹했던 것은 결코 채워지지 않는 사랑에 대한 갈증이었다.

*

삶의 기술을 포기하기 직전인 8월 17일, 토리노로 돌아온 파베세는 바닷가에 남아 있는 소녀에게 마지막 메시지를 보냈다. "피에리나, 네가 나를 마그라 강에 빠뜨린 게 아니라면, 나는 카를로 펠리체 광장의 로마 호텔에 살고 있어. 네가 나를 강물에 빠뜨렸다면, 너는 행복하게 살도록 해. 그리고 내가 너와 함께했던 그 날들을 영원히 기억할 거라는 걸 알아줘.

파브."

생의 마지막 시간에 그는 피에리나에게 전화로 연락을 시도했지만, 성공하지 못했다. 8월 27일, 사람들은 그의 시신이 있는 방의 창틀에서 불에 완전히 타서 거의 재가 되어버린 편지를 발견했다. 같은 날 저녁, 피에리나는 그 마지막 편지가 자신에게 쓴 것이라고 확신하며 로마 호텔로 달려왔다.

8월의 토리노

다시 토리노. 다시 중앙역이다. 모두가 숨 막힐 듯 더웠다고 묘사했던 여름 더위 속에서, 파베세는 8월 15일 이후 보카 디 마그라 해변을 떠났다. 외롭고 슬픈 사람들에게 8월 중순은 연말만큼이나 견디기 힘든 시기일 것이다. 8월 15일은 새해 전날 밤의 파티 같은 분위기가 있다. 그 분위기가 머릿속에 다른 생각이 있던 파베세를 자극했을 것이다. 그는 떠나면서 친구들에게 한마디 남겼다. "관광이든 다른 것이든, 나는 행복을 추구하는 너희의 경쟁이 지겨워서 도망치는 거야. (…) 신물이 나. 지긋지긋하다고." 그 지역 전체가 물속에 발을 담그고 멈춰 선 시간에 파베세는 길을 나섰다. 반대 방향으로.

나는 이미 베르실리아 해안 남쪽의 비아레조에서 토리노까지 간 적이 있고, 당시 파베세는 도시로 돌아가기 위해 나와 같은 노선을 타고 같은 기차역들을 지나 하루 동안 여행을 했을 것이다. 나는 리구리아 리비에라[47]를 가로지르는 터널을 지난 뒤 라 스페치아에서 내려 숨막히는 제노바 역으로 가 기차를 갈아탈 거라고 생각했다. 알아보기 힘든 그 울퉁불퉁한 지형에서 벗어난 뒤, 토리노 열차는 다시 평원으로 들어갔다. 토리노 포르타 누오바에서 여행을 마치기 전, 기차는 알레산드리아와 아스티에 연결되기 위해 방향을 조금 바꾸었다. 8월 17일, 아마도 파베세는 텅 빈 기차역의 유리 지붕 아래에서 자기 발걸음이 울려 퍼지는 소리를 들었을 것이다. 이미 죽은 사람이 소리 없이 걷고 있는 게 아니라면 말이다.

---

[47] 리구리아 해와 주변 산맥들 사이에 있는 좁은 해안 지역. '이탈리아 리비에라'라고도 부른다.

나는 그의 친구들의 편지, 전기, 언론 기사들을 체계적으로 다시 읽으면서 상투적인 면이 많은 그 여정을 재구성해보려고 했다. 일상적인 행동을 하는 데 있어서 우리는 모두 비슷했다. 장 보기, 산책, 일하기, 술 한잔하기…. 그 사고事故로 이런 논리가 갑자기 종결된 건 예상치 못한 일이었다. 나에게 그의 자살은 논리적으로 다른 행동들에 이어서 일어난 행동으로 보였다. 최종 행동. 그 자살은 예상치 못한 일이 아니었다. 결국 그는 매일의 행동들을 반복하면서 생명을 끝내는 일을 완수해낸 것이다. 여행을 떠나기 전 짐가방을 싸듯, 아마 어떤 준비가 추가되었을 것이다. 하지만 모닝 커피부터 점심 식사까지 다른 날과 똑같았다. 내가 파졸리니를 위해 만성절 밤의 에피소드들을 모아뒀듯, 그 8월 말의 세부 사항들을 수집하는 것이 그 터무니없는 악덕을 이해하는 데 도움이 될까? 파졸리니는 매복 공격을 받았다.[48] 반대로, 자살 사건에 대한 조사는 이루어지지 않았다. 살인자가 죽었는데 어떻게? 내가 토리노 거리에서 어떤 진실을 좇아 달리고 있는지 알 수 없었다.

도시로 돌아오자마자 파베세는 라마르모라 가도 35번지의 집에 불쑥 들렀다. 누나 마리아는 세랄룽가에 있는 시댁 소유의 초록 덧문 집에서 휴가를 보내고 있었다. 그는 소지품 몇 가지를 챙기고, 자신이 자리를 비운 몇 주 동안 집에 별일이 없었는지 확인하기 위해 멈춰섰다. 빛. 오로지 빛만 더이상 켜지지 않았다. 우편물을 챙기다가 그는 사촌 페데리카가 보낸 짧은 편지를 발견했다. 그녀는 그가 스트레가 상을 받은 것에 대해 열렬한 축하의 말을 하며 경탄을 표했다. "너는 신으로부터 마음과 정신의 큰 재능을 부여받았어. 네가 너의 책들로 할 수 있는 좋은 일을 생각하면 부러운 마음이 들어. 이곳, 이 지역에서도 신문을 읽는 사람들은 너의 이름을 떠올리고 너를 축하했어. 신부님도 스파클링 와인 한 병

---

48) 파졸리니는 논쟁적 영화 〈살로, 소돔의 120일〉을 완성한 직후인 1975년 11월 2일 로마 근교의 오스티아 해안에서 살해되었다. 당시 그의 17세 동성애인 펠로시가 파졸리니를 죽였다고 자백했고, 펠토시는 재판에서 유죄가 인정되어 징역형을 살다가 1983년 가석방되었다. 그런데 몇 년 후 펠로시는 자신이 파졸리니를 죽인 범인이 아니며 이제는 진범이 죽었기 때문에 당시 진범의 협박을 받아 거짓 자백을 했음을 밝힌다고 입장을 번복했다. 이로써 파졸리니 피살 사건의 진실은 수수께끼로 남게 되었다.

을 따려고 너를 기다리고 계셔…. 가끔 이곳에 와서 쉬기도 하고 새로운 글을 위한 영감도 얻길."

 같은 날 저녁, 파베세는 누나에게 편지를 써서 사촌한테 고맙다고 전해달라고 부탁했다. "또한 신은 나에게 큰 재능을 주셨지만, 많은 사람에게 암을 주셨고, 다른 사람들을 바보로 만들기도 하셨고, 또 다른 사람들은 아주 비참하게 만드셨다는 것도 그녀에게 말해주길…"이라고 덧붙였다. 그는 마을 신부에게 줄 약간의 돈을 편지에 동봉하고 다음과 같이 적었다. "그는 그렇게 자기의 헛소리를 계속 전파할 거야. 적어도 그가 그걸 믿고 있으면 좋겠네." 마지막으로 그는 매형에게 인사를 전달하고 편지를 이렇게 끝마쳤다. "나는 잘 지내고 있어, 얼음 속의 물고기처럼." 이 편지의 어두운 분위기가, 그 단호한 어조가 마리아를 걱정시켰다. 그녀는 휴가 기간을 단축하고, 동생을 만나기 위해 일찍 토리노로 돌아왔다. 1937년 11월 29일의 환히 빛나던 관찰이 확실히 파베세에게서 사그라졌다. "안개가 끼고 햇빛이 내리쬐는 어느 날 아침, 나는 내가 가진 모든 것이 선물, 위대한 선물이라는 생각에 놀라지 않을까."

나이 든 독신 남성인 그는 집에 혼자 머무는 대신, 잠을 잘 수 있고 셔츠도 세탁해주는 호텔에서 지내기로 마음먹었다. 그 후로 그는 그것에 대해 농담처럼 자신이 부자라고 말했다. 계란 요리도, 다림질도 하지 못했던 파베세는 기차역 맞은편에 있는 여행자 호텔인 로마 호텔을 선택했다. 사람들은 그곳에서 머물며 바꿔 탈 다음 기차를 기다렸다. 아마도 이런 도움이 그를 계속 어린 시절에 머물게 했을 것이다. 결국 어린 시절의 경이로움은 사라지고 그에게는 의존심만 남게 되었다. "사람들이 옷을 입혀주는 동안 자기는 이걸 할 줄 모르는데 이다음에 자라서 어떻게 옷을 입을지 걱정하는 세 살배기 아이의 운명은 이미 명백하지 않나요?"(1937년 11월 16일) 앙드레 지드의 표현대로 말하자면, 나는 파베세가 즐거워하는 어린 소년인 동시에 그 소년을 지루하게 만드는 절망한 남자였다고 생각했다.

그러므로 그의 성聖주간은 포르타 누오바 맞은편의 카를로 펠리체 광장에서 시작되었다. 8월에 토리노는, 인적 없는 광장과 대로가 펼쳐진 그곳은 칼비노의 보이지 않는 도시처럼, 알도 로시[49]의 스케치처럼, 혹은 조르조 디 키리코[50]의 그림처럼 보였을 것이다. 로마의 현대미술관을 방문했을 때 나는 우연히 그곳 그림들의 배경에 종종 기차가 그려져 있는 것을 보았다. 연기를 뿜는 증기 기관차였다. 마치 그런 중압감을 주는 환경에서 도망칠 가능성을 제공해야 하는 것처럼. 그날 파베세는 시간을 내어 글을 썼다. 피에리나에게 보내는 편지, 누나에게 보내는 편지, 그리고 《삶의 기술》의 맨 뒤에서 두 번째 페이지였다. 라마르모라 가도에 있는 집의 평생 사용해온 책상에서도 작성할 시간이 없었던 것처럼, 파베세는 호텔 방의 작은 책상에서 8개월 동안

---

49) Aldo Rossi(1931~1997), 이탈리아의 건축가. 스케치는 그와 불가분의 관계라고 할 정도로 그의 건축에서 중요한 부분을 차지했다.
50) Georgio di Chirico(1888~1978), 이탈리아의 화가. 고대의 건물이 긴 그림자를 드리운 광장이나 마네킹, 비스킷 등의 정물을 신비스럽게 그리는 '형이상회화'양식을 제창했다.

지속될 한 해를 돌아보았다.

아직 끝나지 않은 한 해를 돌아보는 건 처음이다. 그러므로 내 일에서 나는 왕이다.
그간의 망설임을 생각해보면, 나는 10년에 걸쳐 모든 것을 다 했다.
지금 삶에서 나는 그때보다 더 절망적이고 길을 잃은 상황이다. 나는 무엇을 조합했는가? 아무것도. 몇 년 동안 나는 내 결점들을 무시하고, 마치 그것들이 없는 것처럼 살았다. 나는 의연했다. 그건 영웅심의 발로였을까? 아니다, 나는 아무런 문제가 없었다. 게다가 "몹시 걱정스러운 불안"의 첫 공격을 받고 나는 유사流沙 속으로 다시 빠져들었다. 3월부터 나는 이 문제로 몸부림치고 있다. 이름은 중요하지 않다. 그것은 우연한 이름, 우발적인 이름과는 다른 것일까? 그렇지 않다면 다른 어떤 것일까? 이제 내가 나의 가장 큰 승리가 무엇인지 알고 있다는 사실은 그대로이다. 그 승리에는 살이 없고, 피가 없고, 생명이 없다.

이 세상에서 나는 더 바라는 것이 없다. 15년간의 실패가 배제해버린 그것 말고는.
이것은 끝나지 않았고 끝내지 못할 이 한 해에 대한 검토다.
다른 사람들이 네 옆을 지나치는 것에 너는 놀란다. 네가 알지 못하는 채로 그 많은 사람들 옆을 지나칠 때 그들의 고통, 그들의 숨겨진 암에는 관심이 없으면서 말이다.

일기는 노란색 냅킨에 깔끔하게 싸인 채 며칠 동안 그의 책상 위에 놓여 있었다. 무더웠던 그 여름이 끝나갈 무렵, 어둠이 내리면 사람들은 아파트 안을 시원하게 하려고 창문들을 열어 두었다. 폭풍우가 치던 어느 날 저녁, 바람 한 줄기가 불어와 방 안의 종이들을 흩뜨려 놓았다. 파베세는 부재중이었다. 휴가에서 돌아온 마리아와 그녀의 딸 마리아 루이사는 조심스럽게 시선을 돌린 채 종이들을 한 장 한 장 거두었다. 마리아 루이사는 다른 사람이 쓴 글을 읽어서는 안 된다며 스스로를 정당

화했다. 그런 일은 일어나지 않았다. 하지만 만약 그날 그녀들이 "끝나지 않았고 끝내지 못할 이 한 해에 대한 검토"를 마주했다면, 그녀들은 뭔가 하려고 했을 것이다. 친구들에게 미리 알리고 그들의 휴가를 방해했을 것이다. 파베세를 어둠 속에 혼자 두지 않았을 것이다.

*

 죽음을 향해 함께 나아가는 동안, 나는 그 남자에게 애착을 느꼈다. 그의 마지막 나날을 꼼꼼히 되새겨보니, 흡사 내가 젊은 죄수를 호송하는 것 같았다. 그의 어깨를 두드려주고 싶고, 심지어는 안아주고 싶었다. 그렇다, 파베세를 꼭 안아주고 싶었다. 내가 갖고 있는 이미지들에 따라 머릿속에 그의 모습을 그려보았다. 파베세는 재킷을 벗은 채 셔츠 차림으로 어깨를 구부리고, 등에서 땀을 흘리고, 빛에 눈부셔하며 걷고 있었다. 손바닥과 엄지손가락 사이에 파이프를 끼우고, 다른 손에는 작은 여행 가방을 든 채 닳아빠진 신발을 신고 걷고 있었다. 먼지투성이인 도시를 떠돌아다니며 파베세는 완전히 지쳐버렸다. 기차역 플랫폼의 짙은 냄새, 환기가 잘되지 않는 뒷마당 주방, 자갈의 색, 전차 케이블에 휘둘리는 하늘. 좀 즐거워지기 위해 하늘에 색색의 빨래를 널고 싶을 정도였다. 나는 파베세에 대해 흑백의 남자라고 말한 작가 에르네스토 페레로[51])의 확신을 믿고 색 없이 그를 그렸다. "비토리니는 컬러였고, 파베세는 흑백이었다. 비토리니가 미소 지었다. 파베세는 냉소했다."

나는 슬프게도 수많은 영혼들이 몸을 던지러 찾아오는 곳으로 알려진 절벽이 내려다보이는 해안 오솔길에서 하루하루를 보낸 일본인 은퇴자에 대한 기사를 읽은 적이 있다. 그는 불행한 사람 수백 명의 목숨을 구했다. 그 평범한 사람, 그 외로운 산책자는 자살 후보자들을 만나러 그곳에 간 것이다. 그들과 대화를 나누고, 그

---

51) Ernesto Ferrero(1938~2023), 토리노 출신의 이탈리아 저술가.

들의 어깨를 두드려주고, 그들을 집까지 데려다주었다. 그는 매번 같은 방식으로 시작했다고 말했다. 아무렇지도 않은 듯 다가가 "안녕하세요" 하고 말을 걸었다. 그 사람은 큰 용기를 보여주었고, 다른 사람들의 불행에 감히 맞섰다. 단순한 "안녕하세요"라는 말로 한 생명을 구해냈다. 만약 내가 포 가도의 주랑 아래 혹은 발도코 거리의 밤나무 그늘에서 파베세와 마주쳤다면, 그에게 다가가 "차오" 하고 인사했을까? 그를 구하려고 시도했을까? 그 슬픈 소년과 나란히 걸어가면서 나는 우리가 불행한 사람들로부터 우리를 보호하느라 시간을 쓴다는 것을 깨달았다. 우리는 전염될지 모른다는 두려움 때문에 그들을 피한다. 우리는 거지에게 적선하지 않은 것을 늘 후회하지만, 불행한 사람들을 어떻게 대하는가? 그들에게는 지붕이 있다. 그들은 밖에서 잠을 자지 않는다. 그래서 우리는 모든 것이 지나갈 거라고 생각하면서 그들을 그들의 운명 속에 내버려둔다.

8월 18일 금요일, 파베세는 전날 도시에서 만난 친

구인 저널리스트 보나 알테로카Bona Alterocca와 함께 언덕으로 나갔다. 그들은 저녁 식사를 하고, 포 강변에 있는 나이트클럽에 갔다. 25년 후 그녀는 그에게 바친 전기에서 당시 그가 자동인형처럼 살았다고 회상했다. 일상적인 물건들과 함께하는 것을 견딜 수 없었기 때문에, 그는 더이상 파이프 담배를 피우지 않았다. 그래서 평범한 궐련과 꽁초로 만족했고, 피운 즉시 던져버렸다. 강 앞에서 알테로카는 파베세가 익사에 관해 했던 말을 떠올렸다. 그는 당황한 눈빛으로 강을 바라보았고, 자신은 음독을 더 선호한다고 말했다. 바로 그 금요일, 정확한 시각은 알 수 없지만, 그는 이미 스스로에게 죽음을 부여했다. 처음으로. 일기의 마지막 페이지를 쓴 뒤 파베세는 글쓰기를 포기했다. 그가 세기의 가장 위대한 이탈리아 작가 중 한 명이 되는 데는 15년으로 충분했다. 그는 지금은 유명해진 한탄 조의 글에서 스스로를 나무랐다.

가장 은밀하게 두려워하는 일은 항상 일어난다.

나는 이렇게 쓴다: 오, 그대 자비를 베풀어주길. 그리고 그다음엔?

약간의 용기면 충분하다.

고통이 확실하고 정확할수록, 삶에 대한 본능이 더욱 용솟음치고 자살 생각은 사그라진다.
그 일에 관해 생각하니, 쉬워 보였다. 하지만 불쌍한 여자들이 그 일을 저질렀다. 오만함이 아니라 겸손이 필요하다.

이 모든 것이 역겹다.
더이상 할 말이 없다. 오직 행동뿐. 나는 더이상 글을 쓰지 않을 것이다.

그는 날짜를 적고 제목에 밑줄을 그은 뒤 첫 페이지에 서명한 원고를 라마르모라 가도의 책상 위에 놓아두었다.

1935~1950

<u>삶의 기술</u>

파베세

상속인

나는 이 씁쓸하고 거칠고 식초처럼 시큼한 단어를 열 살 때 처음 만났다. 학교 가는 길에 배달 트럭에 적힌 낙서를 보았는데, 아직도 그걸 외우고 있을 정도다. 거기에는 이렇게 쓰여 있었다. "빛의 고장에서, 자살로 이끌리는 건망증." 이 난해한 말은 거리에서 교실까지, 학교 운동장에서 집까지 내 머릿속을 떠나지 않았다. '자살로 이끌리는 건망증…' 어떤 어른에게 그 말의 의미를 물었고, 그는 나에게 그런 무서운 일은 잊으라고 했다. 그 말에는 아무 의미도 없었다. 그건 나쁜 사람들이 만들어낸 말이었다. 그럼에도 나는 매혹되어 그 문구를 수첩에 적고 친구들에게 몇 번이고 말했다. 그렇게, 트럭 옆면에 매직펜으로 휘갈겨진 낙서 문구와 함께 자살 가능성이 내 삶 속에 들어왔다. 몇 년 뒤, 나는 외롭고 화를 잘 내던 초등학교 체육 선생님이 자살했다는 소식을 들었다. 그후 나는 그 신비스러운 단어들에 얼굴을 부여했다. 그 단어들은 현실이 되었다.

파베세의 자살은 충격적인 죽음의 신화 속으로 들어갔다. 거기에는 모든 것이 있었다. 호텔 방, 단서들로 가득한 일기, 사랑하는 책의 첫 페이지에 남겨진 화려하면서도 평범한 작별의 말. 상상력이 부족한 사람들은 그의 자살을 문학적 행위나 마지막 시적 퍼포먼스로 해석할 수도 있었다. 그 행위에 대한 미화가 나를 혼란스럽게 했다. 파베세 그리고 체육 선생님은 이 우아하지 않은 비극, 즉 드라마 속에서만 서로 만났다. 그것은 그냥 드라마일 뿐, 다른 아무것도 아니었다.

어느 날 저녁 살레르노에서 멀지 않은 칠렌토 산 기슭에서 소중한 친구들과 저녁 식사를 하던 중, 나는 시를 쓰는 소아과 의사와 파베세에 관해 대화를 나누었다. 그는 나에게 파베세가 토리노의 언덕들에 애착을 가졌던 것처럼 자신은 칠렌토 산에 애착을 느낀다고 말했다. 그의 내면에는 영원한 칠렌토가, 그를 기다리는 그 땅이 있었다. 귀환한다는 보장, 즉 돌아오는 티켓을 주머니 속에 지닌 채 여행을 하느라 자주 그곳을 떠났을 뿐이었다. 칠렌토는 그의 랑게, 세상을 향해 열린 고장이었다. 그의 모든 텍스트가 시작되고 끝나는 곳이었다. 나는 만나는 모든 사람을 파베세 이야기로 괴롭혔다. 그 의사는 나에게 배우 루이지 반누키Luigi Vannucchi를 아느냐고 물었다. 1970년대 후반, 그는 나폴리에 가서 반누키가 파베세의 작품을 낭송하는 것을 들었다고 했다. 내가 나중에 알게 된 사실이지만, 사실 그것은 1960년에 출간된 다비데 라욜로의 파베세 전기 《부조리한 악덕》을 연출한 연극 작품이었는데, 전문가들은 그 작품이 수사학적이고 그다지 완전하지 못하다고 평가했다. 루이지 반누키는 파베세의 글만 읽은 것이 아니었다. 그는 파베세 역할을 연기했다. 그 연극은 큰 성공을 거두었고 라디오 텔레비전 이탈리아(Rai)를 위해 공연되었으며, 1978년 9월의 어느 날 저녁 황금 시간대에 방영되었다. 반누키는 작가의 이목구비, 그의 비죽거리는 미소, 이마의 주름, 눈가에 깊숙이 자리 잡은 서글픈 분위기를 그대로 표현했다. 반누키는 시인의 옷을 입음으로써 완전히 다른 사람으로 변모했다. 당시의 사진을 보니 그 닮은 모습이 곤혹스러웠다. 그는 파베세와 비슷한 가느다란 안경을 끼고, 같은 스타일의 머리 모양을 하고 있었다. "나는 내가 좋아하는 파베세를 만들어냈습니다." 토리노에서 열린 기자회견에서 반누키는 자신은 파베세를 전혀 알지 못하지만 목적을 완수하기 위해 작가의 사진 150장을 참조했다고 밝히면서 이렇게 말했다. 반누키의 목소리를 이제는 존재하지 않는 파베세의 목소리로 착각하기 싫어서, 나는 여전히 볼 수 있는 그 공연의 짧은 방송 녹화본에 시간을 많이 할애하지 않았다.

그 가을 저녁 야외에서 식사를 하던 중, 가벼운 바람

이 부는 가운데 어둠 속에서 도마뱀들이 도망치듯 지나가고 두꺼비가 쉿쉿 하고 소리를 내고 지친 개들이 짖어대던 중, 의사는 그 공연이 끝나고 며칠 후 칠렌토로 돌아와서 루이지 반누키가 자살한 것을 알게 되었다고 나에게 말했다. 1978년 8월 30일이었다. 그 배우는 로마에 있는 자신의 아파트에서 음독 자살했다. 가정부가 침대에 누워 있는 그를 발견했다. 처음에 그녀는 그가 늦잠을 자는 줄 알았지만, 자꾸만 나쁜 예감이 들어 관리인과 함께 아파트 안으로 들어갔다. 반누키는 파베세와의 동일시를 죽음에 이르기까지 밀어붙였다. 휴가철인 8월 말, 텅 빈 대도시를 죽음의 장소로 선택했다. 그는 몬테 마리오의 한적한 주거 지역에서 살았는데, 오늘날도 그곳에서는 어떤 시간대에는 짓누르는 더위 아래에서 버스를 기다리는 필리핀 유모와 가정부 말고는 아무도 마주치지 않는다. 9월 8일, 그가 출연한 연극 〈부조리한 악덕〉이 텔레비전 1채널에서 방영되었다. 주연 배우의 자살 때문에 프로그램 방영이 취소되지는 않았다. 반누키는 이야기의 결말을 알고 있는 시청자들 앞에서 파베세의 시를 낭송했다. 그가 바로 파베세였다. 나는 그 공연에서 그가 1950년 8월 25일 파베세가 다비데 라욜로에게 보낸 작별의 편지를 읽었기를 바랐다.

> 알프스에서 카포 파세로까지, 내가 사랑하는 곳들에 대해 이야기하고 있으니, 코르테스처럼 내가 뒤에서 내 배들을 불태웠다는 것만 자네에게 말하겠네. 내가 몬테수마의 보물을 발견할 수 있을지는 모르겠지만, 나는 테노치티틀란 고원에서는 인간을 제물로 바친다는 걸 알고 있어. 몇 년 전부터 나는 이런 것들을 생각하지 않았네. 그렇다고 쓰기도 했어. 이제는 더이상 글을 쓰지 않을 걸세! 똑같은 고집으로, 랑게의 의연한 의지와 똑같은 의지로, 나는 죽은 자들의 왕국으로의 여행을 완수할 거야. 지금의 내가 어떤 사람인지 알고 싶다면, 《레우코와의 대화》 속 〈야수〉를 다시 읽어보게나. 언제나 그렇듯이, 나는 5년 전에 모든 걸 예측했다네. 자네가 이 문제에 대해 '사람들'과 덜 이야

기할수록 나는 자네에게 더 감사할 거야. 하지만 내가 여전히 그럴 수 있을까? 자네는 자네가 어떻게 해야 할지 알고 있네.

영원히 안녕, 체사레.

*

정말로 우리는 무엇을 남겼을까? 우리의 유산은 무엇이었을까? 그렇다면 파베세의 자발적인 죽음은 그 자신과만 관련이 있는 건 아니지 않을까? 파베세에서 반누키로…, 그리고 그 배우에서 그의 아들로 이어지는 음산한 연속체, 악순환이 존재했을까? 이야기가 거기서 멈추지 않았으니 말이다. 나는 〈라 스탐파〉의 기록 보관소에서 반누키라는 이름을 통해 1979년 6월의 사회면 기사를 보게 되었다. 당시 23세였던 루카 반누키가 다량의 약물을 복용해 자살을 기도했다는 것이다. 아버지 루이지 반누키가가 죽은 지 1년도 안 되어 그가 몬테 마리오에 있는 아버지의 작은 아파트에 쓰러져 있는 것을 친구가 발견했다. 중독 증세가 심해 루카는 중환자실에 입원했다. 그리고 생명을 건졌다. 결국 그는 몇 년 뒤 오토바이 사고로 사망했다. 어떤 저주가 그에게 폭력적인 죽음을 선고한 것처럼 보이기도 했다. 루이지 반누키의 사망 당시 한 신문은 "파베세의 유산"이 그 배우를 죽였다고 썼다. 나는 그런 요약이 난폭하고 부당하다고 생각했다. 나는 그렇게 생각하지 않았다. 파베세는 죽음을 직접 집행하지 않았다. 그는 절망 속에서 어두운 생각을 키우는 불행한 사람들에 대해 책임이 없다. 일기의 마지막 페이지들에 썼듯이, 파베세는 사람들에게 시를 주었고 많은 사람의 고통을 함께 나누었다. 그리고 우리 중 얼마나 많은 사람이 그와 함께 사는 법을 배웠을까?

반누키와 파베세는 인간의 기본적 권리, 즉 떠날 권리를 행사했을 뿐이다.

야수

 "지금의 내가 어떤 사람인지 알고 싶다면, 〈야수〉를 다시 읽어보게나…." 나는 파베세의 조언을 글자 그대로 받아들여, 그가 친구 다비데 라욜로에 게 추천했던 《레우코와의 대화》의 일부분을 다시 읽었다. 이 책은 헬레니즘의 신들, 즉 멜레아그로스와 헤르메스, 아킬레우스와 파트로클로스, 오르페우스와 바쿠스의 무녀 사이의 대화 형식으로 쓰인 시집 비슷한 것이었다…. 이 책의 서문에서 파베세는 스스로를 정당화했다. 그는 신화 없이도 괜찮았을 테지만, 신화는 어린 시절부터 그에게 친숙한 언어였다. 신의 이름은 그것이 암시하는 모든 것 속에서 일련의 사상들을 표현하기에 충분했다. 마치 신화가 단어들의 준엄한 경제성을 허용하는 것처럼. 신화 속에서 잠자는 잘생긴 남자로 묘사된 목동 엔디미온은 〈야수〉에서 더이상 잠을 자지 못한다. 엔디미온은 어느 날 밤 야수가 찾아온 이야기를 낯선 사람에게 들려준다. 그때부터 그에게서 잠이 달아나고, 그는 자신이 더이상 사람들 사이에서 살 수 없다는 걸 깨닫는다. 그 짐승은 말이 없다. 그 짐승은 그를 바라본다. "천 개의 이름을 가진 여인"은 그를 자기 것으로 만든다. 그리고 대화는 다음과 같이 끝난다.

> "낯선 사람—모든 사람에게는 각자 주어진 잠이 있어요, 엔디미온. 그리고 당신의 잠은 무한해요. 목소리와 울부짖음으로, 땅으로, 하늘로, 하루하루로. 용기를 가지고 잠들도록 해요. 당신에게는 다른 행복이 없으니까. 야생의 고독이 당신 것이에요. 야수가 그걸 사랑하는 것처럼 고독을 사랑하도록 해요. 엔디미온, 이제 당신에게서 떠날게요. 오늘 밤 당신은 야수를 보게 될 거예요.

엔디미온—오, 방랑하는 신이여, 당신께 감사드립니다.
낯선 사람—안녕히. 하지만 이제 당신은 깨어나지 못할 거예요, 이걸 기억하도록 해요."

《레우코와의 대화》는 아마 파베세의 책 중 가장 수수께끼 같고 가장 덜 연구된 책일 것이다. 이 책이 나왔을 때, 양식 있는 몇몇 평론가를 제외하면 이 책에 감명을 받은 사람은 거의 없었다. 파베세 자신은 이 책에 대해, 보카치오와 다눈치오가 만나는 이탈리아 인본주의 전통의 계보에 따라 쓴 짧은 책이라고 말했다. 그는 "후세를 위한 명함"으로 여길 정도로 《레우코와의 대화》를 자랑스러워했다. 1킬로미터 떨어진 르마 호텔에서 지내기 위해 가족의 집을 떠날 때, 그는 가방 안에 그 책을 넣었다. 이미 그는 《레우코와의 대화》의 첫페이지에 마지막 메시지, 어떤 의미로는 그의 묘비명을 남기기로 마음먹었다. 용서한다고, 됐냐고. 그리고 이런 소문은 블라디미르 마야콥스키[52]의 자살을 떠올리게 했다. 이 혁명적인 시인은 자살하기 전 남긴 유서에서 사람들이 자신의 죽음에 대해 아무도 원망하지 않기를 바랐다. "죽은 사람은 험담을 무척 싫어합니다." 그의 통찰은 유머가 있었다. "됐나요va bene?"라는 파베세의 말도 어떤 조롱을 함축하고 있었다.

궁지에 몰린 한 남자의 괴로움을 느끼려면, 그가 친구들에게 보낸 편지를 다시 읽어봐야 했다. 8월 21일 월요일, 파베세는 피에로 칼라만드레이Piero Calamandrei에게 자신이 모래 구덩이 속에서 빠져나올 수 있기를 여전히 바란다고 털어놓았다. 같은 날 피넬리Pinelli에게는 그와 반대되는 말을 썼다. "내 머리카락 한 올 한 올은 뱀으로 되어 있어. 맙소사, 머리카락이 참으로 많다네. (…) 나는 라오콘과 같아. 뱀들로 자기 자신을 예술적으로 장식하고 경탄을 받지. 하지만 가끔은 내가 처한 상태를 깨닫고, 그래서 뱀들을 흔들고 꼬리를 잡아당기면 뱀들이 나를 조이고 물어뜯어. 이건 20년 동안 지속된 게임이라

---

52) Vladimir Maïakovski(1894~1930), 구소련의 시인·극작가.

네." 그는 다시 만나기로 그들과 약속했다, 아마도 하늘에서. 그 행동을 시도하기 사흘 전 고등학교 시절의 오랜 친구에게 보낸 편지에서 그는 곧 일어날 그 행동의 결과를 더이상 의심하지 않았다. "나는 망가졌어. 그 누구도 만나고 싶지 않아. 잠자는 동안 내 목을 베어줄 사람이 있다면 큰돈을 지불하고 싶은 마음이야."

파베세가 도시에서 보낸 마지막 나날 중 많은 부분이 모호하게 남아 있지만, 확실한 점이 하나 있다. 편지에서 단언한 것과는 달리, 그가 사람들을 만나려고 애썼다는 것이다. 그는 친구들에게 전화를 걸었고, 그들이 부재중일 때는 친숙한 사람들과 함께하기 위해 찾아갔다. 그를 마지막으로 본 사람들은 친족이 아니라, 몇몇 지인과 길동무들이었다. 오늘날이라면 사무실의 동료들. 나중에 파베세의 친구들은 모두 자신들이 그때 어디에 있었는지 기억해냈다. 바닷가, 베네치아, 산, 여행지 등이었다. 하지만 그의 마지막 순간들을 되짚어보게 해준 증언은 두 가지뿐이다. 파베세는 자신의 시간을 참을성 있게 기다리며 들개처럼 토리노 이곳저곳을 배회하기만 한 건 아니었다. 그는 계속 일했다. 지치도록 일하고, 우편물에 답장을 했다. 끝까지 자신의 의무를 다했다. 그는 책상 위에 아무것도 늘어놓지 않았다. 모든 것이 말끔히 정돈되어 있었다. 그가 좋아한 젊은 여성이 타이핑한 《삶의 기술》이 인쇄될 준비가 되었다. 그는 마리오 모타Mario Motta가 이끌던 신생 잡지 〈문화와 현실Cultura e realtà〉을 위한 글의 교정쇄에 대한 편지를 보내기도 했다. 그것이 그가 손수 서명한 마지막 편지였고 "차오"라는 말로 끝났다.

8월 26일 토요일이었다.

그날 그는 바닷가로 주말여행을 가는 것으로 짐작되는 가벼운 짐을 가지고 라마르모라 가도의 아파트를 나섰다. 이탈로 칼비노는 산 레모에 있었고, 에이나우디 집안 사람들은 포르테 데이 마르미에, 루오타 집안 사람들은 바리고티에 있었다…. 마리아 루이사는 그들이 마지막 식사를 함께한 것을 기억했다. 그는 칸넬로니[53] 세 개를 조용히 먹었고, 얼굴이 어두워졌다. 그런 다음 밖으로 나갔고, 그들은 다시는 그를 보지 못했다. 그랬다. 그의 조카는 그가 여행 가방을 집어들고 작별 인사를 하면서 그들에게 바다로 간다고 말했던 것을 회상했다.

전날 밤, 그는 살레 가이에서 만난 젊은 여성과 밀회를 가졌다. 살레 가이는 여름에 포 강변 몬칼리에리 거리로 이전한 다소 속물스러운 댄스홀이었다. 나는 확인하러 갔다. 오늘날 사람들은 더이상 그곳에서 춤을 추지 않는다. 그 자리에는 사립 국제학교가 있었다. 가을이면 산책로에 낙엽이 쌓였다. 낙엽들은 강의 흐름을 따라 느긋하게 떠다녔다. 나는 그가 방황하는 불면증 환자로서 그 클럽이 문 닫을 시간에 나타나, 무도회가

---

53) 튜브 모양의 이탈리아 파스타. 고기나 채소, 치즈 등으로 속을 채워 굽거나 치즈와 소스 등을 얹어 오븐에 구워낸다.

끝날 때 연주되는 맘몰라 산돈[54]의 우울한 히트곡 〈녹색 달〉의 마지막 음들에 귀 기울였을 거라고 상상했다. 토요일에 파베세는 그 여성을 다시 만나려고 했다. 그러나 그녀는 가혹한 말로 응수했다. 그녀는 그가 성격이 급하고 지루해서 오지 않았다고 한다. 로마 호텔의 접수계 담당자는 49호실의 손님이 하루 종일 전화로 연락을 시도했지만 성공하지 못했다고 말했다.

마침내 파베세는 밤에 길을 나섰다. 그는 자신이 있을 수 있는 곳, 즉 8월에도 항상 직원이 몇 명 있는 편집실을 찾았다. 나는 8월 26일 토요일에 그가 마지막으로 목격된 장소들의 목록을 만들었다. 지도에서 보면 그곳들은 좁은 경계 안에 들어가 있다.

—에이나우디 출판사, 레 움베르토 거리 5-2

---

54) Mammola Sandon(1924~2006), 이탈리아의 가수. 플로 샌던스라는 예명으로 활동했다.

―루니타 신문사, 발도코 거리 2
―일 포폴로 누오보 신문사, 갈레티아 산 페데리코
―로마 호텔, 카를로 펠리체 광장 60

당연히 그 길은 길고 곧은 직선들로 이루어졌다. 이탈리아의 다른 어떤 도시에서도 실현될 수 없는 사각형을 형성했다. 그것은 토리노 산책이었고, 나는 죽음을 예고하는 그 도정을, 모든 것에도 불구하고 생의 마지막 약동이었던 그것을 따라 해보기로 했다. 밤이 끝나갈 무렵 파베세는 다른 곳을 향해 갔다. 불이 켜진 마지막 전등을 찾으러, 깨어 있는 마지막 기자를 찾으러 간 것이었다.

파베세는 그의 삶의 전부였던 에이나우디 출판사에서 에토레 라차로토Ettore Lazzarotto라는 사람 한 명만 발견했다. 나중에 라차로토는 편집장이 왔던 일을 회상했다. 파베세는 그에게 줄리오 에이나우디가 여기에 있느냐고 물었다. 그는 "아니요, 그분은 휴가 중이에요"라고 대답했다. 그럼 볼라티는? 볼라티는 아직 사무실에 있나요? "아니요, 그분도 휴가 중입니다." 라차로토에 따르면, 그러자 파베세는 화가 나서 곧바로 사무실에 걸려 있는 큰 칠판으로 향했다고 한다. 그는 분필 하나를 움켜쥐고는 칠판에 '메르다MERDA'[55]라고 썼다. 그 청년은 겁이 나서 파베세가 분노를 쏟아내도록 가만히 두었다. 시간이 좀 지나, 다음 화요일이면 불이 밝혀진 추모 공간으로 변모할 사무실 앞을 조심스럽게 지나가던 중, 그는 파베세가 엎드린 채 양팔로 머리를 감싸고 있는 모습을 보았다. 그 출판사의 위대한 작가이자 번역가이며 검소하고 모범적인 사람이었던 그는 더이상 그 자신에게 속하지 않았다. 그는 점점 멀어져가고 있었다. 내가 여기저기서 찾아낸 에이나우디 출판사 직원들의 증언에는 일관성이 있었다. 출판사 사람들은 파베세에게 큰 존경심을 느꼈다. 그들은 그가 사장과 타협하지 않았고 줄리오 에이나우디가 직원들에게 급여

---

55) 이탈리아어로 '똥'이라는 의미지만, '빌어먹을' '우라질' 같은 욕설로도 사용된다.

를 지급하지 않을 경우 파업에 참여할 수도 있는 사람이었다고 말했다. 그는 외롭고 오해받고 성마른 사람이었지만, 열정과 전심전력의 모범으로 남았다. 그는 너그러운 성정이었고, 일을 많이 했고, 젊은 사람들에게 아낌없이 조언을 해주었다. 에토레 리차로토도 그들 중 한 명이었다. 동료들 대부분과 마찬가지로 그는 다음 주 월요일 사무실로 출근하던 중 파베세가 사망한 사실을 알게 되었다. 커다란 칠판에는 자살한 사람이 떠나기 전 휘갈겨 쓴 상스러운 말이 여전히 남아 있었다. "메르다." 그 말은 오랫동안 그 방 한가운데에 남아 있었다. 아무도 감히 그걸 지우지 못했다.

공산당 기관지 〈루니타L'Unità〉는 가리발디 가도 모퉁이 발도코 거리의 〈가제타 델 포폴로Gazzetta del Popolo〉[56]의 사무실 한쪽에 입주해 있었다. 창문들 아래를 지나가면서, 나는 그 무렵 거리 한가운데에 작은

---

56) 1848년 토리노에서 창간된 일간지. 1983년 12월 31일에 폐간되었다.

시장이 이미 있었는지 궁금했다. 평일에는 노부인들이 거기서 쇼핑 카트를 끌면서 장을 보았다. 8월 26일 토요일, 기자 파올로 스프리아노Paolo Spriano가 신문사에서 당직 근무 중이었다. 25세의 그 젊은 남자는 마르고 창백한 파베세가 편집실에 들어오는 것을 보았다고 말했다. 그는 파베세의 방문에 놀라지 않았다. 그것은 처음이 아니었다. 파베세는 친구들의 사무실에 방문해 시간 보내는 걸 좋아했다. 파올로 스프리아노는 그의 방문을 틈타 자료실로 내려갔다. 그 신문사는 지난 6월에 수여된 스트레가 상 시상식 사진들을 막 구입했고, 스프리아노는 그것들을 수상자에게 보여주고 싶었다. 그것들을 보면 분명 그가 즐거워할 테니까. 그러나 작가는 특유의 빈정거리는 듯하고 냉정한 미소를 지으며 사진들을 바라보았다고 스프리아노가 회상했다. 파베세는 자정이 지나도록 그와 함께 있었다. 시간이 더 지나서 조간신문의 첫 인쇄본이 도착했을 때, 파베세는 그중 한 부를 훑어보며 이렇게 말했다. "폭풍 같은 헤드라인들이 있는 검은 신문이군." 그런 다음 파올로 스프리아노에게 가리발디 가도를 따라가는 밤의 모험을 하자고 제안했다. "그날 밤 파베세는 멈추려 하지 않았다." 스프리아노는 회고록에 이렇게 썼다. 파게세는 친구 보나 알테로카를 만나러 〈일 포폴로 누오브Il Popolo Nuovo〉 신문사에 가고 싶어했다. 그 신문은 갈레리아 산 페데리코에서 인쇄되었다. 잔뜩 피곤했던 스프리아노는 의욕이 꺾여 카스텔로 광장의 어둠 속에 파베세를 두고 떠났다. 한창 나이의 청년도 파베세의 야간 경주를 더 이상 따라갈 수 없었다. 그는 집으로 돌아갔고, 24시간 후에 친구의 죽음을 알게 되었다.

파베세는 몇 달째 불면증에 시달리며 수면제를 복용하고 있었다. 그날 밤 파올로 스프리아노와 함께한 것이 그에게 마지막 위안이었다. 지난밤 그는 인쇄기와 타자기 덜거덕거리는 소리 속에서 잉크 냄새를 맡으며 그를 만났다. 언덕에서 불어오는 바람 소리에 종이가 부드럽게 구겨지는 소리를 더하면 종이는 그의 삶의 한 부분이었다. 파베세는 신문과 잡지 친구들과 대화하는 것을, 새벽까지 문을 여는 식당의 마지막 손님이 되는 것을 좋아했다. 한밤중에 뜨거운 커피를 마시는 것을 좋아했고, 담배 피우는 것 그리고 다른 사람들보다 먼저 신문 기사를 읽는 특권을 누리는 것을 좋아했다. 안타깝게도 보나 알테로카는 신문사에서 이미 퇴근한 뒤였다. 파베세는 돌아섰다. 그러니 스프리아노는 카스텔로 광장에서 그의 살아 있는 모습을 본 마지막 사람일 것이다. 알테로카는 '친구'에게 바친 전기에서 8월의 그 마지막 주말에 놓친 일들을 나열했다. 특히 그녀는 《달과 불》의 목수 피놀로 스칼리오네가 재료를 사러 토리노까지 오곤 했고 항상 어린 시절의 친구와 술 한잔을 했는데, 그 토요일 아침에도 신속히 도시로 내려왔다고 단언했다. 하지만, 포도 수확기가 다가와서 포도 재배자들의 통을 수리해야 했고, 일에 치여 녹초가 되었다. 그래서 그는 파베세에게 자신이 온 것을 알리지 않았고, 친구를 다시는 보지 못했다. 마찬가지로 비앙카 가루피는 남편과 함께 파리로 여행을 가는 도중 주중에 토리노에 들를 계획이었다. 오랜 친구에게 인사하고 싶었다. 그러나 일정이 계획보다 늦어졌고, 그들은 토리노에 들르지 않고 계속 길을 갔다.

그리하여 파베세는 새벽에 지름길을 통해 호텔 방으로 돌아갔다. 분명 카를로 알베르토 광장을 건너서 갔을 것이다. 그곳에서는 로마 가도 끝에 있는 중앙역이 보였다. 그곳은 인적 없는 회색의 대로로, 아무 데로도 향하지 않는 통로처럼 보인다. 그 불쌍한 남자는 아케이드로 가득한 거리를 혼자 거슬러 올라갔다.

346호실

문에 붙은 원형 금도금 부조판에 이탤릭체로 새겨진 숫자가 바뀌었지만, 방 내부는 변함이 없었다. 로마 호텔은 가족 사업체였으며, 주인은 당시의 실내장식을 그대로 보존하기로 했다. 346호는 오늘날의 편의시설을 모두 갖추고 있었지만 방의 구조와 가구들은 1950년 8월 27일의 모습 그대로였다. 70년이 지난 지금, 아무도 사용 중이지 않을 때는 그 방에 들어가서 둘러볼 수 있었다. 수백 명의 손님이 그곳에서 잠을 잤는데, 자기들이 체사레 파베세가 자살한 방에 머물고 있다는 걸 모르는 경우가 많았다.

나는 접수계에 가서 '파베세의 방'을 볼 수 있느냐고 물었다. 흰색과 검은색 옷차림에 넥타이를 매고 조끼를 조여 입은 담당 직원은 놀라지 않았다. 그가 확인했다. 그 방은 비어 있었다. 그는 무전기를 꺼내 3층 담당 객실 청소부에게 방문객에게 문을 열어줄 수 있느냐고 물었다. 이윽고 그는 고갯짓을 해, 오른쪽 뒤편에 있는 엘리베이터를 타라고 허락해주었다.

위층에 올라가니 담당 청소부가 활짝 웃으며 나를 맞아주었다. 그녀는 접수 담당 직원과 마찬가지로 346호라고 말하지 않고 '파베세의 방'이라고 말했다. 마치 그의 자살 장소가 결국 그에게 속한 것처럼 말이다. 청소부는 문을 열어둔 채 옆방에서 바삐 움직이고 있었다. 그녀는 때때로 자신이 그 방을 안내한다고 나에게 말했다. 나는 청소용 카트와 전선이 둥글게 말린 진공청소기가 공간을 차지하고 있는, 파란색 카펫이 깔린 긴 복도를 지나 그 방으로 들어갔다. 침묵 속에서 그 일이 일어난 장소를 바라보았다. 그곳을 당시의 사진과 비교

해보았다. 침대 발치에 깔개가 없고, 책상의 위치가 달라져 있었다. 샤워실은 보수되었다. 오래된 주석 대야도 물론 사라졌다. 침대 오른쪽 벽에는 검은색 베이클라이트 전화기가 여전히 걸려 있었다. 지멘스의 올라프 밀라노[57] 모델이다. 나는 수화기를 들고 기계가 여전히 수신 상태로 연결되어 있음을 증명하는 주파수 소리를 들었다. 나머지 것들로 파베세가 1950년 8월 26일에서 27일로 넘어가는 밤에 미끄러져 들어간 관을 완벽하게 상상할 수 있었다. 지금은 60유로 정도에 숙박할 수 있는 이 소박한 방에서, 필시 오늘날의 젊은 직원들과 같은 제복을 입고 있었을 직원이 일요일 저녁 8시 30분경에 파베세의 시신을 발견했다. 불은 켜져 있었다. 파베세는 여전히 옷을 입고 재킷과 신발만 벗은 모습이었다. 마치 잠든 듯 눈을 감고 있었다. 수면제 열두 갑과 빈 담뱃갑 일곱 개가 침대맡 탁자와 세면대 위에 어지럽게 널려 있었다. 호텔 측은 즉시 투숙객의 가족에게

---

[57] 지멘스에서 출시한 레트로 스타일의 회전식 다이얼 전화기.

전화를 걸었다. 누나와 조카들이 달려왔다. 처음에 그들은 사망자의 사인死因을 숨겨 고인에 대한 기억을 보호하려 했다. 하지만 쓸모없는 일이었다. 그 소식은 이미 도시에 퍼져 나갔고, 다음 날 아침 신문들은 그 소식을 거리낌없이 보도했다. 작가 체사레 파베세가 로마 호텔의 한 객실에서 자살했다. 그 객실은 북향이었다. 그는 언덕을 등진 채 자살했고, 그 사실이 이야기에 슬픔을 더해주었다.

자살, 그것에 관해 파베세는 평생 이야기했고, 이미 《여자들끼리》에 자신의 자살에 관해 글을 쓴 적이 있었다. 로제타의 성격, 그녀의 열정과 용기, 그녀가 물러서서 살아가는 방식, 기필코 사라져가는 방식에서 그점이 여실히 드러났다. 어느 날 그 젊은 여자는 결국 자취를 감춘다. 사람들은 토리노에서 그녀를 찾고 있었다. 조용한 아파트 안에서 그녀의 친구들이 걱정한다. 그리고 매우 아름다운 다음의 문장이 나온다. "로제타처럼 그토록 살아야만 하는 사람이 어떻게 죽고 싶어할 수 있는지 우리는 궁금했다. 누군가는 자살을 금지해야 한다고 말했다." 마침내 나피오네 가도에 있는, 언덕이 마주 보이는 방에서 의식을 잃은 그녀가 발견된다. 로제타는 스물다섯 살에 파베세가 그토록 오랫동안 미뤄온 행동을 감히 완수했다. "그 일에 관해 생각하니, 쉬워 보였다. 하지만 불쌍한 여자들이 그 일을 저질렀다." 그는 일기 마지막 페이지에 이렇게 썼다. 아마도 그때 그는 로제타 생각을 했을 것이다. 그녀처럼 그는 아무것도 부탁하지 않고 떠났다. 친구들을 방해하지 않았다. 그는 사라졌다. 파베세는 도시 한가운데에 외따로 떨어져 남몰래 죽었다. 동물들이 사는 데 지쳤을 때 그러는 것처럼.

동료

2023년 봄, 로마

그의 얼굴은 타원형이고 주름이 패어 있었다. 위풍당당한 턱에 지적인 남자의 길고 훤한 이마, 그리고 귀 위쪽과 목덜미에 언뜻언뜻 보이는 흰 털 몇 가닥. 그의 눈은 날카롭고 장난기가 넘치는 새끼 독수리의 눈 같았다. 그 눈이 로마의 건물들 1층 특유의 어둑한 공간에 버려진 방 안을 꿰뚫어보았다. 햇살이 가구를 둘로 갈랐다. 그의 목소리가 낮아지면서 굵고 하얀 눈썹이 찌푸려졌다. 그는 기억력이 무척 좋고 권위 있는 인물이었다. 잘 준비된 식탁에 음식을 내놓듯 매우 오래된 추억들까지 공유했다. 그는 이야기를 함으로써 자신을 초대해준 사람에게 경의를 표했다. 그의 손은 두툼하고, 손가락은 길고 가늘었다. 그는 온몸을 사용해 자신을 표현했다.

프랑코 페라로티[58]는 엄청난 인물이었을 것이다. 거의 한 세기에 걸쳐 살아온 탓에 얼굴에 주름이 파이고 노쇠했지만 97세의 나이에도 여전히 키가 크고 꼿꼿했으니 말이다. 그는 피에몬테 시골에서 태어났지만 땅을 일궈본 적이 없었다. 땅을 경작하기 위해 태어난 이 사람은 결국 수백 권의 책을 집필하고 수천 편의 논문을 발표했다. 내 앞에, 사무실의 의자에 앉아 있는 이 사람은 이탈리아를 대표하는 지성인이자 정치인의 한 세기 동안의 삶을 보여주었다. 이 사회학자는 수년 동안 사회자유주의파 국회의원으로 일했다. 오늘날 그는 파베세의 아직 살아 있는 마지막 동료였다.

---

[58] Franco Ferrarotti(1926~2024), 이탈리아의 사회학자이자 사회운동가·정치가.

결국 나는 그렇게 누군가를 찾아냈다. 그 과정은 시간과 싸우는 경주였다. 게으름과 서투름, 불확실성이 나로 하여금 귀중한 증인들을 잃게 했다. 그리하여 나는 이 남자를 통해 지나간 시절의 잔해를 찾고, 태곳적 기억을 건드리고, 이미 백 번은 들은 내용을 다시 들으려 했다. 호기심 많은 구경꾼들에게 들려준 일화들은 중요하지 않았다. 나는 파베세를 실제로 본 사람들의 눈을 통해 파베세를 피부로 느끼듯 알아보고 싶었다. 기분 좋은 호기심으로 나를 관찰하는 그 시선이 내가 좇는 작가의 시선에도 닿았을 거라고 상상하기란 힘든 일이었다. 그 탕자의 손이 그의 손을 잡았을 거라고도 말이다.

프랑코 페라로티는 로마 북쪽, 포르타 피아 성벽 뒤 트리에스테 거리에 늘어선 웅장한 건물들 중 하나의 1층, 수위실 맞은편에 사무실을 갖고 있었다. 5월의 어느 아침, 행복이 파란 하늘에 펼쳐진 지중해 소나무 같고 모든 것이 가능해 보일 때, 나는 포 가도와 피에몬테 가도를 따라 그를 만나러 갔다. 그는 고향에서 멀리 떨어진 곳에 살았고, 일부러 그런 듯 고향과 같은 이름의 거리에서 가까운 곳에 사무실을 냈다. 페라로티는 수도를 좋아하지 않았지만, 가족과 관련된 이유로 수도에서 사는 것을 감수했다. 시간이 흐르면서 그곳에 뿌리를 내렸다. 그리고 일정한 나이가 되자 더이상 이사하지 않았다. 그는 로마 사람들은 할머니의 시신을 관광객들에게 보여주며 살아간다는 제임스 조이스의 말을 인용하면서, 파베세도 로마를 좋아하지 않았다고 불쑥 덧붙였다. 조이스, 레오파르디, 휘트먼, 하워드 패스트[59]…. 우리의 토론은 그가 외우고 있는 인용문과 시구들로 점철되었고, 나는 그것을 솜씨 좋게 독백으로 변형했다. 로마에 대한 그의 반감은 도시 생활에 대한 혐오감 때문이었다. 파베세와 페라로티는 자신들을 대도시에서 길을 잃은 농부로 여겼다. 어쨌든 이것이 그의 초기 주장이었다. 페라로티는 이 첫 번째 실패에 대해 친구가

---

[59] Howard Fast(1914~2003), 미국의 소설가.

느끼는 불편함을 알아차렸다. 파베세는 세상의 수다에 자신의 침묵을, 세상의 활기에 자신의 내향성을 대립시키며 부적응자로 남았다. 나는 이 사람들은 죽은 뒤 떡갈나무, 물푸레나무 혹은 밤나무로 다시 태어날 거라고 생각했다. 그들은 자신들이 평생 바라본 나무가 되어갔다. 페라로티는 이미 그런 나무 껍질의 힘과 두께를 갖추고 있었다. 뿌리가 뽑힌 그 나무는 백 년 된 나무 같았다.

나에게 그 면담의 요령은 간단했다. 그의 여담들이 다시 파베세를 향하도록 방향을 돌려주면 되었다. 나는 그의 즉흥 연주들을 재배치했다. 그는 전쟁 중 세랄룽가에서 자주 만난 그 동료에 대해, 몬페라토의 길들을 산책하면서 그들이 나눈 긴 대화에 대해 이야기해주었다. 페라로티는 파베세의 소극성을 용서했다. 그는 죽은 사람들은 어떤 제복에도 맞지 않았기 때문에 다른 사람들과 함께 줄지어 정렬하지 않은 거라고 나에게 말했다. 깊은 잠 속에서 우리는 모두 똑같았고, 전쟁은 동족상잔의 비극이었다. 파베세는 비겁해서가 아니라 유혈 사태의 비극적인 느낌 때문에 뒤로 물러나 있었다. 그는 당대의 이념과 관련해 입장을 정하지 않기로 했고, 당파 친구들에게는 멀리 있는 동지로만 남았다. 칼비노는 그 8월의 첫째 일요일, 그러니까 세상을 떠나기 얼마 전 파베세가 자발적으로 토리노의 건물들 계단참에서 원자폭탄에 반대하는 서명을 받았다고 회고했다. 그는 분쟁에서 도망치고 있었다. 오만 가지의 분쟁. 그리고 또 다른 일이 그에게 압박을 가하고 있었다. 파베세는 바람을 탄 여행자였다.

페라로티는 파베세가 '중추' 역할을 하던 에이나우디 출판사에서 긴 번역 작업 중 한 가지 문제에 관해 몇 시간 동안 온갖 방향으로 고민하다가 마침내 완벽한 단어를 찾아냈을 때 그들이 교외의 피올레[60]에 가서 그 발견을 축하하곤 했던 것을 기억하고 있었다. 식당

---

60) 이탈리아 피에몬테 주에 있는 작은 농업 지역의 명칭.

이 문을 닫을 때까지 바르베라 와인이 흘러넘쳤다. 그들은 언어의 승리를 축하했다. 그런 다음 언덕과 어린 시절에 대한 이야기를 서로에게 들려주었다. 로마의 그 늦은 아침에, 페라로티는 파베세가 그에게 놀라운 것을 가르쳐주었다고 나에게 여러 번 말했다. 그뿐이었다 하더라도 그에게는 그것이 전부였다. "그는 나에게 단어의 정확한 의미를 가르쳐주었어요." 라 파롤라 주스타La parola giusta[61]. 그는 이렇게 말하며 사무실 네 귀퉁이에 a를 날렸다.

페라로티는 대화를 중단하고 생각에 잠겼고, 몇 초 동안 눈빛이 흐릿해졌다가 다시 밝아졌다. 그러더니 자리에서 벌떡 일어나, 젊은 늑대 같은 활력으로 서가에 가서 책 한 권을 찾아 곧바로 나에게 건네주었다. 한 시간이 채 되지 않은 면담 동안 내 앞 테이블 위에 책들이 한 무더기 쌓였다. 그는 10분마다 확신에 찬 몸짓으로

---

[61] 이탈리아어로 '맞는 말'이라는 뜻.

일어나 책 속의 글을 끄집어냈다. 자기 자리에서 우리의 이야기를 미소 띤 얼굴로 듣고 있던 비서 로베르타에게 이 책 또는 저 책이 아직 있는지 묻기도 했다. "로베르타, 잘 모르겠는데…" 그가 이렇게 말하자 그 여자는 하던 일을 멈추고 일어섰고, 두 사람은 다른 서가의 선반들을 하나하나 함께 살펴보았다. 그 사무실에는 책들이 넘쳐났다. 사무실은 무질서한 상태였지만, 그들에게는 완벽하게 정돈된 상태임이 틀림없었다. 모든 가구가 서가 역할을 했다. 테이블에서는 다른 물건을 올려놓을 공간을 찾을 수 없었다.

다른 사람들과 마찬가지로 페라로티도 8월 27일을 기억하고 있었다. 당시 그는 베니스 비엔날레에 참석 중이었고, 그곳의 몬테카를로 게스트하우스에서 자고 있었다. 그는 정확성이 의무인 것처럼 그 사실을 덧붙였다. 그건 좋았다. 나는 특정한 주소와 장소들을 좋아했으니까. 당시의 장소들이 지금도 존재하는지 확인하는 건 내가 좋아하는 놀이 중 하나였다. 그해 여름에는 날씨가 "야만적으로" 더웠다. 당시 자신이 살고 있던 이

브레아로 돌아온 페라로티도 파베세가 죽기 전 자신에게 여러 번 연락했다는 걸 알게 되었다. 페라로티의 얼굴이 어두워지고 목소리가 낮아졌다. 그는 친구의 자살을 농민들의 절망, 문명의 소멸, 즉 농장 뜰 안 우물의 소멸, 걷기의 소멸, 말馬의 소멸과 연관지었다. 그것이 파베세가 남긴 유언, 《달과 불》의 의미였다. 세상은 황혼기에 접어들어 죽어가고 있었으며, 농민들의 곤궁한 생활은 수년간 이어진 경제 호황과 맞물려 있었다. 농민들이 도시로 이주했다. 파산한 사람들은 경작지를 불태웠다. 페라로티가 태어난 농장은 포 강 유역에 있었는데, 어느 날 홍수로 강물에 휩쓸려버렸다. 그가 어린 시절을 보낸 장소들에는 아무것도 남지 않았다. 그는 세상을 영원히 잃어버린 것 같은 기분으로 살았다. 그것은 당시 친구의 삶과 작품에 대한 그의 해석, 그들이 나누었던 대화에 대한 기억이기도 했다. 그는 감정에 복받치고 고통스러운 얼굴로, 백 년 전 그가 태어난 당시의 그 고장에 대해 나에게 설명해주었다. 어린 시절에 대한 그의 첫 기억은 석유 램프가 그의 방을 스치듯 비추던 기억이었다. 오늘날 로마에서도 그는 동이 틀 때 일어난다.

　페라로티는 나에게 파베세의 장례식에 대해 이야기 해주지 않았지만, 나는 그가 1950년 8월 29일 화요일 16시경 레 움베르토 거리에 있던 군중 가운데 한 명이라는 걸 알고 있었다. 파베세의 관은 지인들을 위해 그가 사용하던 에이나우디 출판사 내 사무실에 안치되었다가 영구차에 실려 운송되었고, 수백 명의 사람들이 그 영구차를 따라갔다. 그중에는 오직 책을 통해서만 그를 아는 익명의 사람들도 많았다. 친구들은 휴가 일정을 단축하고 바다에서 돌아왔다. 그들의 얼굴은 가무잡잡하게 그을려 있었다. 그날 오후에는 날씨가 좋았다. 파베세의 냉소가 그 자신보다 더 오래 살아남은 듯했다. 그는 《여자들끼리》의 등장인물 중 한 명의 입을 통해 다음과 같이 말했으니 말이다. "자살하기 위해 햇빛 좋은 계절을 기다릴 거야. 빗속에서 묻히고 싶진 않아." 그를 추모하기 위해 모인 엄청난 인파를 보고, 한 칼럼

니스트는 신문에 아마 파베세는 자신에게 친구가 그렇게나 많은지 몰랐을 거라고 썼다. 장례식 연설은 가장 친한 친구가 했다. 겨우 열 문장이었다. 파베세는 긴 연설을 탐탁해하지 않았을 것이다.

페라로티 역시 대단한 연설을 하지 않았다. 그는 피로를 느끼고 있었다. 거리 쪽으로 열린 창문을 통해 도시의 소음, 문을 쾅 닫는 소리, 스쿠터 지나가는 소리가 들렸다.

페라로티는 다른 사람들과 마찬가지로 무력해 보였다. 무력함에 직면한 친구들은 스스로에게 물었다. 그들은 정말로 친구를 혼자 내버려둔 것인가? 그를 도우려고는 했는가? 이탈로 칼비노의 당황스러워하는 편지는 그의 자살이 불러일으킨 충격을 이해하게 해준다. 당시 칼비노는 스물여섯 살이었다. 그처럼 재능 있는 지식인이 그런 말들로 그 일에 대해 이야기한 건 파베세가 뒤에 남길 공백을 예고한 셈이었다. 1950년 9월 3일, 칼비노는 이사 베체라Isa Bezzera에게 다음과 같은 편지를 썼다.

　　이탈리아 신문을 읽을 기회가 있는지 모르겠지만, 아마도 당신은 그 소식을 접하지 못했을 테고, 당신에게 파베세는 단지 하나의 이름에 지나지 않을지도 모릅니다. 하지만 나에게 파베세는 많은 것을 의미했습니다. 그는 내가 가장 좋아하는 작가, 친한 친구들 중 한 명, 여러 해 전부터 함께 일한 직장 동료이자 일상의 대화 상대였을 뿐만 아니라, 내 인생에서 가장 중요한 사람 중 한 명이었습니다. 나는 나라는 사람의 모든 것을 그에게 빚졌어요. 그는 내 직업을 결정해주고, 내 모든 작업을 이끌고 격려해주었으며, 나의 사고방식, 취향, 심지어 생활습관과 행동에까지 영향을 주었습니다. 정말이지 나는 그 일의 충격을 견뎌내고, 무엇이 죽었고 무엇이 살아 있는지에 대한 명확한 인식을 되찾아야 했어요. 내가 살고 있는 모든 장소, 다루는 모든 서류 그리고 대하는 모든 작품에 항상 그의 존재가 새겨져 있었어요. 나 그리고 우리 모두는, 친구와 동료들은 이 끔찍한 공허함을 메우려고 노력합니다. 친구와 동료들, 우리 모두가 노력하고 있어요.
(…)

당신은 다른 모든 사람들과 마찬가지로 나에게 묻겠지요. "하지만 도대체 그는 왜 자살한 걸까요?"라고. 그를 아는 사람들은 그 소식을 접하고 굳었지만 놀라지는 않았습니다. 파베세가 청소년기부터 외로움, 절망, 삶이 유발하는 불만에 시달려온 만큼이나 자살 충동에도 시달렸고, 그의 회피적이고 억누르는 성격에 의해 그 모든 것이 가려져 있었기 대문입니다. 하지만 모든 것에도 불구하고 나는 그가 정말로 단단하고 튼튼한 참호 같다고 믿었습니다. 절망의 순간마다 우리가 용기를 얻기 위해 떠올리는 부류의 사람처럼 말입니다. 어쨌든 파베세는 잘 버텼습니다.

그것은 우정의 가장 아름다운 정의 중 하나였다. 어딘가에 삶이 훨씬 더 힘들고 매일 아침 삶을 도전으로 느끼는 친구가 존재함을, 그리고 그 친구가 모든 것에도 불구하고 버텨내고 있음을 확신하는 것 말이다. 그 사람, 그 사람에 대한 기억이 우리가 살아가는 데 도움이 되었다. 우정의 커다란 신비는 상대방이 주려고 의도하지 않은 것을 받는다는 것이다. 파베세는 자기 사람들을 버린 것에 대해 사람들의 원망을 들을 수도 있었다. 하지만 칼비노의 편지들과 페라로티의 눈에서 나는 존경과 감사, 동지애를 읽었다. 그렇다. 우정의 정의定義 말이다. 자라면서 나는 친구란 가까이 있든 멀리 있든 무엇보다도 영향력 있는 존재이며 그 이상의 것을 요구해서는 안 된다는 것을 배웠다.

*

정오가 되기 전에 페라로티와 헤어졌다. 그를 다시 만나지 못할 거라는, 거의 확신에 가까운 느낌이 들었다. 몇 달 후 나는 프랑스에서 엽서와 그가 나에게 빌려주었던 책 한 권을 그에게 보냈다. 그는 체사레 파베세와의 오랜 우정의 순간들을 돌이켜본 것이 자신에게 큰 기쁨이었다는 답장을 보내왔다. 페라로티는 한 작가가 우리의 용기를 북돋아주고 버티도록 도와주는 친구가 될 수 있다는 나의 확신을 더욱 강화해주었다. 파베세는 길동무가 되었다. 나는 그와 연결되었다는 느낌을 받았다. 우리는 우리와 비슷해지기를 친구들에게 요구하지 않는다. 우리가 살아가는 데 도움이 되어달라고, 우리와 함께 있어달라고 부탁한다. 페라로티의 손을 꽉 잡으면서 나는 이제 우리에게 공통의 친구가 있다고 생각했다.

문이 활기찬 소리를 내며 내 뒤에서 닫혔다. 건물 로비에서는 관리인이 관리실 창문에 몸을 기댄 채 이웃 여자와 심각한 대화를 나누고 있었다. 나는 건물 밖으로 나갔다. 보도로 나서자 마치 과거에서 돌아온 것처럼, 혹은 긴 밤의 꿈에서 깨어난 것처럼 시선을 내릴 수밖에 없었다. 로마의 태양에 눈이 부셨다.

에필로그

2023년 11월

파베세를 따라간 우리의 여정은 랑게에서 끝났다. 만성절에 우리는 "말없이 기다리는 땅"으로 돌아왔다. 검은 피부의 여자는 두 나라를 연결하는 일을 마쳤다. 이제 우리는 이미 죽은 도시, 지중해 소나무들 아래, 폐허에 둘러싸인 곳에서 함께 살고 있다. 프랑스와 이탈리아를 연결하는 기차 노선은 몇 달 동안 끊겼다. 마치 우리가 고국으로부터 아무것도 기대하지 않고 산 이쪽에서 살도록 밀어붙이는 듯했다. 피에몬테는 우리를 그곳에 더욱 가깝게 접근시켰다. 다시 랑게에 가는 것은 테베레 강 유역에 아직 내리지 않은 첫 추위를 스스로 찾는 방법이었다.

  가을, 포도 수확기가 한참 지난 뒤, 달이 불타는 언덕들 위로 떠올랐다. 달은 어느 날 저녁 몬포르테 달바로 가는 길에 마법처럼 우리를 습격했다. 달은 임신부의 배처럼 둥글었다. 바닷가에서도, 다른 어느 곳에서도 그런 달을 본 적이 없었다. 달은 매우 가깝게 보였다. 잠에서 깨어보니 어둠이 포도나무들을 적갈색과 핏빛, 청록색으로 감싸고 있었다. 다채로운 빛깔이었다. 관목 숲을 가로질러 지방도로를 따라 걷다 보면 나뭇가지가 탈 때 나는 연기 냄새와 축축한 땅이 언제나 변함없는 가을을 우리에게 상기시킨다. 길을 덮은 나뭇잎들은 어린 시절의 식물 표본, 오리엔테이션 여행, 학교의 크로스컨트리 경주, 만성절 휴가 동안의 밤 따기를 떠올리게 했다. 가을은 또한 조상들의 계절이었고, 할머니가 밤송이 하나하나를 참을성 있게 까주던 추억의 계절이기도 했다. 산토 스테파노 벨보 묘지 입구에 있는 파베세의 무덤 앞에서 나는 이미 세상을 떠난 내 사람들을 위해 기도했다.

 모든 것을 잃은 건 아니다. 랑게의 일요일 아침은 당시의 일요일 아침과 매우 비슷했을 것이다. 정원에서 노는 아이들의 웃음소리, 작업복을 입고 장화를 신은 포도밭 일꾼들, 마을 술집에서 사람들이 손에 돌체토[62] 와인 한 잔을 들고 있는 모습. 식당에서 조용히 식사를 하는 은퇴한 부부들. 유제니오 노인도 있었다. 광장을 건너던 젊은이들이 그에게 인사했고, 그는 양손을 주머니에 넣고 담배를 씹으며 지나가는 자동차들을 바라보았다. 다시 랑게로 가던 중, 우리는 파베세가 도망쳐 그의 조상들 그리고 목수 친구와 함께 계속 살 수도 있었던 곳에 들르고 싶었다. 그는 그가 쓴 시에서처럼 뒷짐을 지고 언덕을 따라 걸어갔을 것이다. 묵묵히.

---

62) 이탈리아 피에몬테 지역에서 널리 재배되는 흑포도 품종.

까마귀들이 들판 가장자리로 날아올랐다. 까치들은 포도밭에 남은 마지막 포도들을 쪼아 먹었다. 우리는 디저트를 먹은 후 배가 고프지 않은데도 헤이즐넛 몇 개를 먹으려고 테이블에 남아 있었다. 작은 언덕 뒤편에 갑자기 종탑이 나타났다. 포도밭과 이어지는 듯한 벽돌색의 새로운 마을을 알리는 첫 신호였다. 가을빛으로 물든 언덕들의 격동하는 물결을 보면서, 나는 지상에 낙원은 없더라도 적어도 그 비슷한 곳들은 존재한다는 걸 인정했다. 만성절의 늦은 오후 그곳 랑게에서 휴일이 끝나간다는 고통스러운 무력감을 느끼고, 분명한 이유도 없이 목이 조여오고, 아마도 날이 저물어가는 데 대한 두려움 때문에 숨이 막혔을 때 나는 《삶의 기술》에서 한 구절을 발견했고, 그 구절을 계속해서 다시 읽었다. 파베세가 나에게 온 힘을 다해 지켜야 할 삶의 규칙 하나를 남겨주었다면, 바로 그것이었을 것이다.

요컨대 우리는 왜 위대해지고 싶어하고, 창의적인 천재가 되고 싶어하는 걸까? 후손을 위해? 아니다. 군중

속을 걸으며 손가락질을 받기 위해? 아니다. 내가 하는 모든 일이 가치 있고 특별한 일이라고 스스로를 설득하는 일상의 의무를 견뎌내기 위해서이다. 그것은 오늘을 위해서지, 영원을 위해서가 아니다.

참고문헌

다비데 라욜로, 《체사레 파베세, '부조리한 악덕'》
도미니크 페르난데스, 《파베세의 실패》
보나 알테로카, 《25년 후의 파베세》
파올로 스프리아노, 《10년의 열정》
나탈리아 긴츠부르그, 〈어느 친구의 초상〉
프랑코 바카네오, 《체사레 파베세, 삶, 작품, 장소》
아니 에르노, 〈파베세〉, 《삶을 쓰다》
프랑코 페라로티, 《파베세와 함께 성소에 가다, 어느 우정의 이야기》
마리아로사 마소에로, 《어울리지 않는 아름다운 커플, 체사레 파베세와 비앙카 가루피의 서신(1945~1950)》
로렌초 몬도, 《나이 든 소년. 체사레 파베세의 삶》
미켈란젤로 안토니오니, 《나는 이해하기 시작했다》
이탈로 칼비노, 《글쓰기의 기술, 서신집(1940~1985)》

체사레 파베세의 작품들

《편지들 1924~1950》

《피곤한 노동》

《전집》

《삶의 기술》

《비밀 노트》

《대화재》, 비앙카 가루피와 공저

인터넷 사이트

archiviolastampa.it

fondazionecesarepavese.it

hyperpavese.com

repubblica.it

lastampa.it

인용된 책들

p. 41: 파트리치아 카발리, 《내 시는 세상을 바꾸지 못할 것이다》

p. 73: 산드로 펜나, 《십자가와 희열》

p. 84: 마리아로사 마소에로, 《어울리지 않는 아름다운 커플, 체사레 파베세와 비앙카 가루피의 서신(1945~1950)》

p. 96: 아니 에르노, 〈체사레 파베세〉, 잡지 〈로망〉, 《삶을 쓰다》

p. 148: 미켈란젤로 안토니오니, 《나는 이해하기 시작했다》

p. 204: 스티그 다게르만, 《위로에 대한 우리의 욕구는 충족될 수 없다》

p. 210: 모리스 피알라 편, 《우리는 함께 늙지 않을 것이다》

p. 215: 마르그리트 뒤라스, 《타르퀴니아의 작은 말들》

p. 274~275: 이탈로 칼비노, 《글쓰기의 기술, 서신집(1940~1985)》, 262쪽, 94번 편지

파베세의 마지막 여름

첫판 1쇄 펴낸날 2025년 9월 5일

지은이 | 피에르 아드리앙
옮긴이 | 최정수
펴낸이 | 박남주
편집 | 박현우
마케팅 | 김이준

펴낸곳 | (주)뮤진트리
출판등록 | 2007년 11월 28일 제2015-000059호
주소 | 서울시 마포구 토정로 135 (상수동) M빌딩
전화 | (02)2676-7117 팩스 | (02)2676-5261
전자우편 | geist6@hanmail.net
홈페이지 | www.mujintree.com

ⓒ 뮤진트리, 2025

ISBN 979-11-6111-151-3 03860

* 책값은 뒤표지에 있습니다.